企业研发
管理手册

张 冰 / 刘晓婷 / 文成玉 ◎著

中国财富出版社有限公司

图书在版编目（CIP）数据

企业研发管理手册 / 张冰，刘晓婷，文成玉著. —北京：中国财富出版社有限公司, 2024.1

　ISBN 978-7-5047-8118-5

Ⅰ.①企…　Ⅱ.①张…②刘…③文…　Ⅲ.①企业—技术开发—管理体系—中国—手册　Ⅳ.①F279.23-62

中国国家版本馆CIP数据核字（2024）第042977号

策划编辑	郑晓雯	**责任编辑**	郑晓雯		**版权编辑**	李　洋
责任印制	尚立业	**责任校对**	张营营		**责任发行**	董　倩

出版发行	中国财富出版社有限公司			
社　　址	北京市丰台区南四环西路188号5区20楼		**邮政编码**	100070
电　　话	010-52227588 转 2098（发行部）		010-52227588 转 321（总编室）	
	010-52227566（24小时读者服务）		010-52227588 转 305（质检部）	
网　　址	http://www.cfpress.com.cn	**排　　版**	宝蕾元	
经　　销	新华书店	**印　　刷**	宝蕾元仁浩（天津）印刷有限公司	
书　　号	ISBN 978-7-5047-8118-5/F·3653			
开　　本	710mm×1000mm　1/16	**版　　次**	2024年5月第1版	
印　　张	13.5	**印　　次**	2024年5月第1次印刷	
字　　数	207千字	**定　　价**	59.80元	

序言
PREAMBLE

研发与研发管理相辅相成，只要有研发，就一定有研发管理。农民种地，知道田间管理的重要性，但研发管理的重要性似乎经常被忽视，或者被狭义地等同于项目的流程性管理。希望通过对本书的全面介绍，使读者对企业研发体系、逻辑有一定的认知，既为大家在任一领域建立专长打好认知框架基础，也避免制度制定者由于对基本框架有认知短板出台无法有效落地的政策。

我博士毕业后加入GE（美国通用电气公司）中央研究院，在前辈的带领下承担研发工作，按部就班地完成研发任务，学会了带领项目团队、管理研发工程师和专家、与业务部门沟通……我从来没觉得这些有什么特别的，事情不就是这样的吗？大家不都是这么做的吗？

后来，我被任命为GE中国高新技术总监，经常与GE中国政府事务与政策部门的同事一起接待客户，讲解GE的新技术和研发项目。期间，不断有人询问我项目是怎样开展的，研发活动是如何组织起来的，研发组织是什么样的结构，各种研发相关的决定是如何做出的，等等。我才意识到，有这么多人（甚至是已经干了几十年研发工作的人）并不明白企业的研发是怎么一回事，而我也在大家的询问中不断地思考：为什么GE内部关于研发的种种管理措施是这样设定的？背后的逻辑是什么？这些措施和做法最初是如何被提出来的？为了解决哪些问题？实施过程中发挥作用的条件是什么？运用不当会有哪些后果？

我接受GE中国区总经理任命的时候，刚刚经历了GE中央研究院一百多年历史上的第二次裁员，几乎是临危受命。既是为了把大家带出低谷，也是为了说服我自己，我不断地思考：一个研发组织存在的价值和意义到底是什么？到底应怎样运作才能保持组织的活力并实现自己应有的价值？

由于我不是加入 GE 中国研发中心的第一拨工程师，"不幸"没有赶上提拔的快车道，却有幸经历了从底层工程师到项目经理、部门经理、技术投资人、总经理等几乎所有研发岗位的历练，一步一个脚印干下来，获得了宝贵的经验，对于研发的相关岗位都有了直观的理解，并有机会梳理贯通这些岗位之间的底层逻辑和核心要义。

2017 年年底，当 GE 决定调整 GE 中国研发中心的定位时，其中的基础研发部门中央研究院中国团队被整体裁撤。我突然意识到，我是为数不多完整经历了一个研发组织从早期成立、历经辉煌到裁撤的人，这使我开始思考一个研发组织从成立开始所经历的所有发展阶段的必然性，同时结合这 10 多年中与其他外企研发中心交流的经验，试图寻找共性的成长规律。因此，当北京低碳清洁能源研究院（以下简称低碳院）的领导在寻找一位主管研发的副院长时，我意识到自己对于研发组织发展规律的充分认识可能正是低碳院当时所急需的，而这也正好给了我一个应用所学所思帮助研发组织高效成长的机会，同时给了我一个近距离观察和了解央企运行机制的机会，一个市场化的企业研发与央企管理有机结合的机会。在低碳院 4 年多的工作经历，让我对于研发组织与企业其他业务部门的协作关系又有了更深刻的理解。

在这些年中，整个中国市场正好形成了一个共识：只有创新型企业才能奠定长期竞争优势。尤其是经过 2008 年金融危机的洗礼，各行各业都开始关注企业的研发创新，我也经常被邀请去分享 GE 作为一家以技术创新安身立命的百年企业的创新体系运作方式。在与大家的交流讨论中，我开始从外向内地思考企业研发体系的运作规律和底层逻辑。

产生写书的想法源自一个偶然的契机。我还在 GE 时，GE 中国政府事务与政策部门的总经理冯建妹女士（《耶鲁精神》的作者）总说我是"会说人话的科学家"，能把研发的事儿给非研发的人说明白。2019 年夏天一次周末下午茶的时候，我们聊到了她当时写作《耶鲁精神》的过程和动机，她又一次"怂恿"我："你有很多关于研发的思考，为啥不写出来让更多人看到？"她以自己写书的经历给我打气，告诉我其实写书也没那么难，有一点儿写一点儿，慢慢积攒素材。这成功激发了我的挑战欲，试试就试试！

这些年里，我看到太多的人对企业研发有非常深的误解，从事研发相关工作的人走了很多弯路，浪费了大把的资源和个人的宝贵时间；局外人干着急，对行业的科技现状不满意但不知道怎么支持才是对的。研发相关领域的读者，尤其需要知道研发的全貌，了解研发的底层规律，更好地规划自己的职业发展之路，或者管理好自己负责的研发活动，让工作更有效率、更有意义。

我开始以微信公众号发布推文的形式，零零散散地整理对企业研发话题的思考，前前后后经历了3年多的时间，关于企业研发的各种话题基本覆盖到了，感觉可以成体系地呈现给读者，供读者参考了。每个话题如果展开讲，都是一本书，为了让有兴趣的读者能快速建立起对企业研发体系的整体认知，本书的写作基本聚焦在最基本的逻辑层面。

这些内容都是基于个人工作经验的思考和分析，体系性和连贯性不一定理想，有些观点也不一定正确，希望读者更多地把本书作为一个打开思路的参考，辩证使用。这里必须强调的是，研发是高度复杂的业务活动，本书只是帮助人们建立认知框架，避免走弯路，但是不能代替实战。对于有志于发展研发事业的读者，还是要从最基层的研发工作做起，一级一级地拓展自己的工作职责，千万不要追求过快的提拔和晋升，任何一次跳级都会对认知造成不可弥补的缺失，等到位高权重时，就可能因为第一手经历的缺失判断失误，造成巨大的损失。

在成书的过程中，我的同事刘晓婷和文成玉承担了书稿的整理和编辑工作，并主笔完成了部分章节，衷心感谢她们的大力支持。陈向力博士、卫昶博士、蔡巍博士、魏斌博士、康鹏举博士、刘缅女士以及很多同事、朋友在写作的过程中都给予我非常有益的反馈意见，在此致以诚挚的谢意！

张　冰

2023年5月

目 录
CONTENTS

13

第十三章
研发组织的构成与考核激励 ——————— 181

第一章

研发是什么

CHAPTER 1

研发是手段而非目的

研发作为技术创新手段是企业发展的重中之重。中国经过几十年的发展，已经成为全球制造业中心。但是长久以来，中国企业普遍处在价值链的底端，利润不高，经常用来说明问题的就是宏碁集团创办人施振荣先生提出的"微笑曲线"理论（见图1-1）。

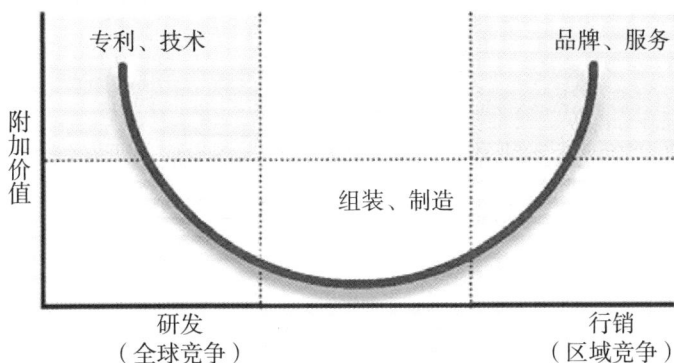

图1-1　企业价值链的微笑曲线

2008年金融危机后，我国政府和许多有理想的企业纷纷加大投入，向微笑曲线的两端爬升，取得了长足的进步，尤其是在营销端，没有人会认为中国的企业营销能力落后于世界其他国家，出现了像阿里巴巴、京东这样有世界影响力的企业。但是在技术研发和设计端，虽然整个社会投入巨大，效果却不尽如人意。

现实挑战是，我国社会对于市场化机制下的技术创新需求准备不足。虽然改革开放已经40余年，但完全市场化机制的确立经历了一个过程。市场早期面临的主要问题是生产能力不够，所以通过投资扩大生产能力成为满足市场需求的最有效手段之一，资源和人才向这方面集中，这就导致全社会从事技术研发的人才储备严重不足。

一是有专业知识的工程师严重不足；二是合格有经验的研发项目管理人才极其稀少；三是研发项目的投资决策人才稀少；四是有经验和能力的研发组织管理人才几乎没有；五是能在企业里根据市场趋势和企业战略制定合理的研发战略的人才更是凤毛麟角，这直接导致过去10年我国研发工作凭着一腔热情摸着石头过河，用血淋淋的试错进行经验和人才的原始积累。除了少数几个大规模系统性投入的企业（如华为）摸索出了相对可行的道路，大多数企业的总体研发效果不尽如人意。

研发相关概念及相互关系

在技术创新的生态圈里，有经验和能力的政府主管部门、企业战略制定者、研发项目决策者、研发项目经理、研发技术人员和研发组织管理者缺一不可。而对于这些角色的准确定位和能力的判断，离不开对技术研发过程中各种概念的准确理解。

对研发中各方面概念的理解偏差，导致研发生态圈中产生各种乱象。比如对企业研发能力的判断唯专利论，忽视技术成果的市场基础；对研发人才的支持唯技术论，忽视技术管理人才的稀缺；研发决策中的唯技术先进论，忽视对客户价值的理解和量化。经历近10年的经验教训，大家对这些错误做法需要改变是有共识的，但是怎么做才正确却莫衷一是，亟须厘清研发活动中的概念、条理、结构、过程和内在的逻辑。我们试图把产生有效技术创新过程中的原理、流程、方法弄清楚，使其成为大家都可复制和可借鉴的技能。

研发是一个市场利益主体针对市场上的一个"有价"的问题，寻找高性价比解决方案（技术创新）的手段和过程。

技术研发活动成功执行就可能会产生技术创新，而这项技术创新如果成功解决了一个市场上的问题，它就产生了价值。

此处要厘清：什么是研发和技术创新？它是什么，不是什么？怎么定义研发成功？如何衡量一项技术创新的价值？技术专家在其中发挥什么作用？在这个过程中，我们会经常看到一些组织在定义自己的技术创新（研发）能力时，往往把每年的研发资金投入作为考核指标之一，把专利数作为创新成果的表现方式。

各种各样的技术研发活动，最终的目的是创造价值、解决问题。如果我们产出了10000个专利却不能将其转化为生产力，那就是无效的创新（且不说专利是否代表创新）。如果我们拥有一项技术或一种方法，即便申请不了专利，但创造了上千万元、上亿元的价值，那就是优秀的创新。所以说，当我们看到或试图打造创新能力的时候，应该把创新手段的有效性作为核心衡量指标，而不是说看创新的投入有多大。当然，足够的投入是基础。

下面试图归纳一下与研发直接和间接相关的概念。

（1）市场需求。这通常被表述成一个问题。最常用的表述方式是"×××成本太高"，或者表述为一个导致成本太高的主要技术问题，比如，飞机叶片的加工时间太长，成品率太低；电池的循环次数太少，寿命太短；电厂锅炉点火的等离子体电极消耗太快；污染物降解的速度太慢；算法消耗的计算资源太多等。

（2）技术创新，即针对市场需求（问题）提出的解决方案，既可以是一种新方法，也可以是一种新产品。通常来说，市场中原方案的用户采用了新的方法或采购了新的产品，即视为一次成功的技术创新。

（3）研发。研发可以分为研究和开发两种活动，因为在市场环境中研究不能单独存在，或者说单独的研究活动没有意义，一般作为开发活动的一部分或支持性的任务存在。故此，讨论中多把它们作为一个整体考虑。

（4）研究，即获取技术创新开发过程中所必需的知识、信息的过程。研究分为两类，一类是人类已知但开发团队尚未获得的知识和信息；另一类是人类未知的知识。

（5）开发。开发是基于人类已有的知识和技能，实现一个符合要求的技术创新的过程。开发又分为确定设计和生产工艺两部分，两者缺一不可。

（6）设计方案，即把技术创新的结果具体呈现给客户。

（7）生产工艺，即把具体的设计方案物化实现的技术。

设计和生产工艺互相影响，设计定型基本上就决定了需要采用的生产制造过程。反过来，设计开发过程中必须考虑生产制造技术的实现能力。新的生产制造技术往往带来全新的设计思路（如3D打印技术）。

（8）客户，即产生市场需求的责任主体、技术创新的使用方、市场价值的实现者。客户通常是购买并采用技术创新的最终决策者。同一个问题和同样的解决方案在不同商业模式下的决策客户并不一定相同。比如房屋装修过程中的瓷砖，如果是包工包料模式，决策客户就是装修公司；如果是包工不包料模式，决策客户就是业主。在事先约定用料的包工包料模式下，对瓷砖生产者（技术创新的开发者）来说最终决策客户是业主，对瓷砖的销售代理（技术创新的商业化渠道）来说决策客户是装修公司。

（9）技术创新主体，即研发活动实施的组织方。需要投入资源（包括资金、人员、场地、设备等）验证并实现技术创新，并最终将技术创新的成果销售给客户实现经济回报。

针对具体研发活动，我们可以把它放到图1-2这个逻辑框架中去考量和评判。当我们遇到一个具体的市场需求时，也可以据此逻辑图框定项目的范围和需要采取的管理方式。

从图1-2中，我们可以得出以下推论。

（1）所有的研发活动都应以最终解决实际问题产生经济价值为目的。

（2）同样的问题，开展的研发活动层级越低，成功率越高，投入产出越佳。

（3）针对出现的问题，优先创新已有产品的使用方法来解决，如果不行，再逐级向上一层的研发活动拓展，直到投入产出不划算为止（风险加权投入大于方案产生的经济价值）。

我们来举例说明。

问题描述：食品加工厂的刀材质差，导致肉切不断，因此产生50%的返

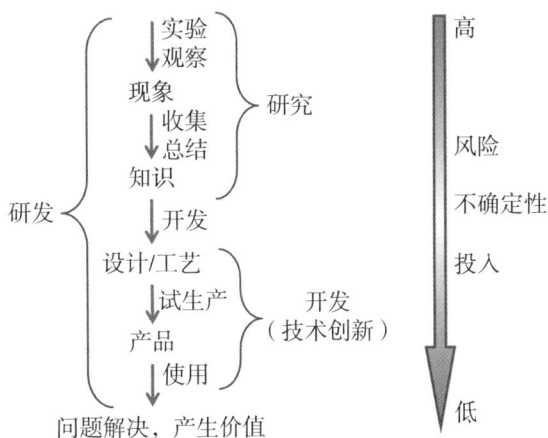

图1-2 研发的相关概念及相互关系

工率，年损失1000万元。

第一层：从使用方法开始。比如当刀切不动肉时，是否可以改切为剁？用高级合金刀切肉很方便，但是这种刀太贵了，如何降低成本？是否可以通过尽量提高一把刀的使用频率来降低单位使用成本？在这个过程中，刀作为一个成熟的产品不需要做额外的研发，试错的成本非常低，技术开发的性价比更高。这常被称为二次开发，往往是在客户端完成，很多产品提供者本身也会针对不同的客户做使用工艺的研究，用以推动产品的销售，在微笑曲线里属于营销服务类，但从内容和技术能力的要求考虑，往往也被归类为研发项目。

第二层：如果改进使用方法后的合金刀还是太贵，就要考虑是否通过改进生产工艺降低成本。比如是否可以将单件小批量的生产改为流水线生产来降低单件的生产成本？是否可以优化坯料的裁切方式提高原料的利用率，降低成本？是否可以考虑加强工厂的管理，压缩库存？是否可以通过改进采购，优化供应链，降低坯料的采购成本？是否可以在客户端本地化生产，减少关税损失？

第三层：如果优化了所有生产工艺和供应链管理后合金刀还是太贵，就要考虑通过设计改进来降低成本，比如采用复合的刀身刀刃，好钢用在刀刃上，在不影响使用的前提下尽量节省昂贵的合金钢的用量。这时候如果企业已经掌握该合金钢的复合工艺制造技术，那就只需要基于已有的知识设计一个可行的复合方式和新的加工过程，而且因为所需要的信息和知识已知，改进过程和结果就大体可知，从而开发成本也可知，那么这个研发项目一旦立项（收益大于投入），几乎可以保证它是一个成功的研发项目。

第四层：如果企业不具备该合金钢的复合工艺制造技术呢？如果合金钢与基底钢材的相容性完全未知，就有可能在使用中产生刀身裂纹，量产后成为失败的产品导致巨大的经济损失。这时候，研发就触碰到了图1-2中研究的范畴。两种金属复合时的相容性就成为必须获取的知识，而且这个知识的获取是开展后续任何研发活动的前提条件。

如何获取知识呢？首先是寻找是否已经有人研究过这个问题并有研究结果可供参考。寻找他人的研究结果永远是成本最低的知识获得手段。一旦找到可供参考的知识，就可以启动下面的研发工作。

第五层：如果所需要的知识没有人研究过，或者直接收集到的成本过高，那这就是一个必须自己研究弥补的"知识缺口"。而为了弥补这个知识缺口，就必须开展实验工作，进行知识发现。一个全新领域的知识发现往往需要苛刻的实验条件，昂贵的实验设备、检测仪器和高水平的研究人才，这是一个昂贵且结果无法预知的过程。很多研发项目往往由于知识缺口过多而变得风险不可控。

对知识缺口的识别生死攸关！在研发项目开始之前，项目思路中对知识缺口的识别是决定研发成败的核心因素。任何一个没有识别出来的知识缺口都会成为研发项目的致命风险点。同时，由于漏网的知识缺口属于未知中的未知，无法从流程和方法的角度进行验证，完全依赖于参与研发的技术人员和进行决策的专家的经验及知识储备，因此，研发经验丰富且负责任的技术专家就成了研发组织有效运转中至关重要的角色。从另一个角度讲，判断技术专家是否合格的重要标准就是其能否全面识别研发项目中的知识缺口。

由上所述，我们可以看出产品开发和技术研发的本质区别就是知识缺口。

产品开发的过程中，由于知识已知，项目执行的风险相对可控，开发过程中的套路和工具相对完善，从企业管理者的角度，决策的风险和不确定性相对较小。因此，产品开发是大多数企业只要有意愿就能够建立起来的技术创新能力。对于任何有理想的企业，开展开发类的技术创新工作是在市场上保持活力的必备技能之一。

而技术研发过程中，由于牵涉到流程和工具无法预知的知识缺口的存在，会过于依赖资深、合格的技术专家，导致试图尝试技术研发的企业必须有一套获得技术专家并支撑技术专家发挥适当作用的组织和文化机制。这对于企业研发的整体管理水平是一个巨大的挑战。当企业在体量、资金实力、领导层的决心和共识或人才储备等方面没有做好充分的准备时，不建议轻易尝试。

技术复杂度是一个经常被大家忽视的决策因素。在企业研发实践中，我们会看到有些研发项目虽然有非常明显的知识缺口，大家却信心满满，比如上面提到的复合刀具的研发，虽然两种金属的相容性未知，但大家通常不会觉得这个问题很难解决，只要找到有经验的冶金专家再配以合适的研究条件，就应该不是个大问题。而另一类产品的研发，即便我们掌握了所有的必要知识，产品的开发仍然面临巨大的投入和不确定性，比如汽车发动机、高端芯片的生产设备产线。这类产品往往具有高度复杂的结构，由成千上万的技术知识点层层组合，才能实现最终的功能。

在产品开发过程中，即使所有的知识已知，所有确认技术参数的开发活动都可控，但由于完成最终产品所需要的设备、场地、人才、试制等工作的体量巨大，需要巨大的投入，往往形成了事实上的进入门槛。同时，由于参与人员和部门众多，对项目管理和机制体制的要求也会非常苛刻。这就好比跑步比赛，有路径已知的短跑比赛（简单开发），也有路径未知的短跑比赛（简单研发），还有路径已知的马拉松比赛（复杂系统开发）和路径未知的长距离野外拉练（复杂系统研发）。

对于那些高技术复杂度的产品开发，就像跑马拉松一样，虽然你可能完全清楚路径和如何执行，但自己能否坚持到终点才是决策的依据。那些技术复杂度高、知识缺口众多的技术研发项目，对研发体系的要求极高，决策要非常慎重。

任何一个具体产品的产生都是一系列的技术链条累积的结果（见图1-3）。构成最终产品的部件之一——部件3的性能依赖于自身的设计构成和零件4与零件5的性能，而零件5的性能又依赖于零件6，而零件6之下还有零件7。在这个关系中我们可以看到，每一层都有技术风险和不确定性，而且构成沿着组成过程层层向上传递，形成一个性能传递的技术链条。链条越长，底层技术对最终产品的影响就越大，但隐蔽性也就越强，如果不是经验足够丰富、技术功底足够深厚的专家，往往难以找到问题所在，也就更谈不上解决问题了。

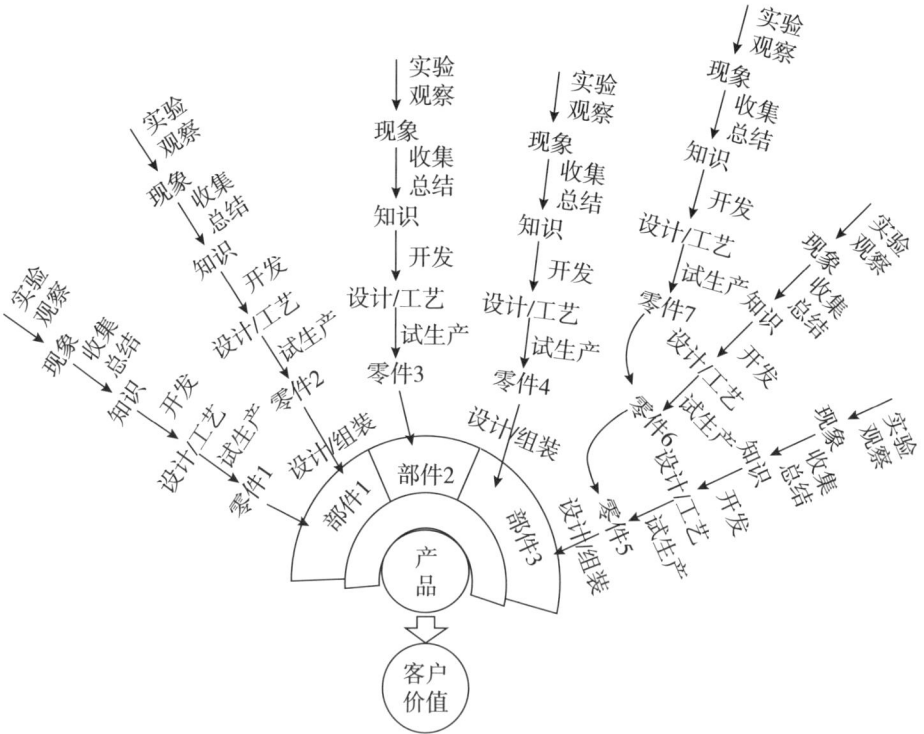

图1-3　产品开发中的技术链条

当产品的构成零件数目增加，或者零件的复杂度上升，它所需要的技术点以及技术点组合排列的可能性就呈几何级上升。比如飞机发动机由上万个零件构成，很多零件往往还要经过多道加工工艺，这中间只要有一个技术点出现失误就可能导致机毁人亡，可以想象其技术研发难度和所需的技术人才的队伍规模。因此，如果没有技术积累和人才的多代培养训练以及全产业链的多年磨合，很难想象我们可以生产出高性价比的产品。

如果想要解决这个问题，除了要在经济允许的情况下坚持长期投入，还要通过各种方式尽量利用相关行业的技术发展来降低技术开发风险。没有产业可以单独抵御产品开发中的所有技术研发风险，利用共性技术的开发来最大化地平摊成本是必由之路。比如，多相流的技术突破可以带来泥浆输送、原油输送、煤粉输送、过滤等多个领域数百种应用的改进，碳纤维的发明带来了无数全新产品的出现等。

但是平台技术的突破所需要的投入需要从多个维度和领域来收回成本，对于企业来讲，自身拥有多点应用和多个价值实现渠道是开展这类工作的前提。因此，只有大型综合性企业（或者政府）才有资格利用平台技术开发建立自身的竞争优势，否则就会面临"一人投入，众人收益"的尴尬局面。

核心技术是一个经常被公众提及的概念，但如何定义核心技术？通过分析中兴通讯被美国制裁的案例，我们能够认识到被称为核心技术必须同时满足三个条件：价值巨大、难以掌握、难以替代。难以替代又包括技术路线难以替代和技术提供方难以替代。

绝大多数企业只是产业链条的一环，或者说其工作的能力是技术链条的一环。终端产品所产生的价值沿着技术和产业链条层层分配，一家企业所拥有的能力或技术的不可替代性决定了其议价能力和利润分配的多少。如果整个产业链中没有任何技术和企业是不可替代的，那么该行业都不会有核心技术，同时该行业会进入低利润时代。所有技术点中只要有一个是不可替代的，那么该行业的利润都会向这个点集中，这个技术点就是核心技术。正因如此，有理想、有能力的企业往往会努力争取拥有核心技术，但真正拥有核心技术的企业寥寥无几。

企业核心能力的建设是获得核心技术的前提。第一项能力是企业能识别技术链条上的哪个技术缺口是关键点且难以替代；第二项能力是企业能攻克这个技术难点才能获得核心技术。这两项能力缺一不可，而企业往往只有具备良好的创新土壤和体制环境时，才有可能拥有这两项能力。

小　结

本章，我们分析了研发活动的相关概念，以及不同种类的研发活动之间的关系。希望读者能依据本章内容合理有序地开展研发工作，在研发项目的具体操作过程中通过各种辅助工具提高研发活动的执行效率。在此，我们回到本章的起点：研发是手段，是投入，不是目的。

那么，研发的目的是什么？下一章将进行阐述。

第二章

研发的目的/目标

CHAPTER 2

研发的目的——降低成本

研发的目的是挣钱（让客户多掏钱）或省钱（自己少花钱）。确定了客户会多掏钱的指标后，具体的研发工作仍然只有一个目标——降低达到目的的成本。

企业作为社会中的一种特定的组织形式，存在的价值就是不断地创造经济价值，即消耗一定量的经济资源，获得更大的经济价值。企业消耗的经济资源产生的成果以产品的形式呈现并参与社会交换，产品的价值即企业期望获得的经济价值。所消耗资源的经济价值通过在生产产品过程中对所需资源的购买行为量化，而对产品的经济价值也需要通过与客户的交换（即价格）实现经济价值的量化，从而构成一个完整的价值创造周期。

从上述价值传递的过程可以看出，价值传递的终点是以客户决定购买为标志的。因此，如何让客户心甘情愿地以企业期望的价格购买，是企业所有活动的最终目的，研发也不例外。

在市场化的环境中，任何一次商业交换"买卖"都会围绕三个主体展开（见图2-1）：客户，己方，竞争对手。客户的决策依据是其问题得到解决后产生的收益，己方和竞争对手的决策依据是所提供的方案或产品的成本。大家达成交易共识的点即产品价格。对于客户来讲，产品价格必须低于其收益，这样经济购买决策才能产生正收益，经济正常运转。对于产品提供方（己方），价格只有高于成本才能产生正收益，企业价值才能得以体现，企业可以继续发展；反之，就会被市场淘汰。

在成熟市场中，客户收益、竞争对手的情况都是已知的（见图2-1情景A），那么企业所能关注的就几乎只有降低成本这一个目标。降低成本的方式包括优化供应链，加强管理以减少浪费、减少内部消耗等。当然，通过各种市场营销手段来提高间接的客户价值和获得辅助购买决策优势也是企业核心竞争力的重要组成部分。而研发所能起到的作用就是在原有方案的基础上通过技术优化来进一步降低成本，帮助企业取得竞争优势。

如果客户的问题或需求是确定的，但市场上没有任何成本低于客户价值的方案存在，这就是一个潜在的市场（见图2-1情景B）。使潜在市场变成现实的途径就是弄清楚客户价值（量化），并以之为目标降低解决方案的成本。最先找到成本低于客户价值方案的企业就会获得产品进入市场的先发优势，并首先实现利润与投入的良性互动，加大竞争优势。

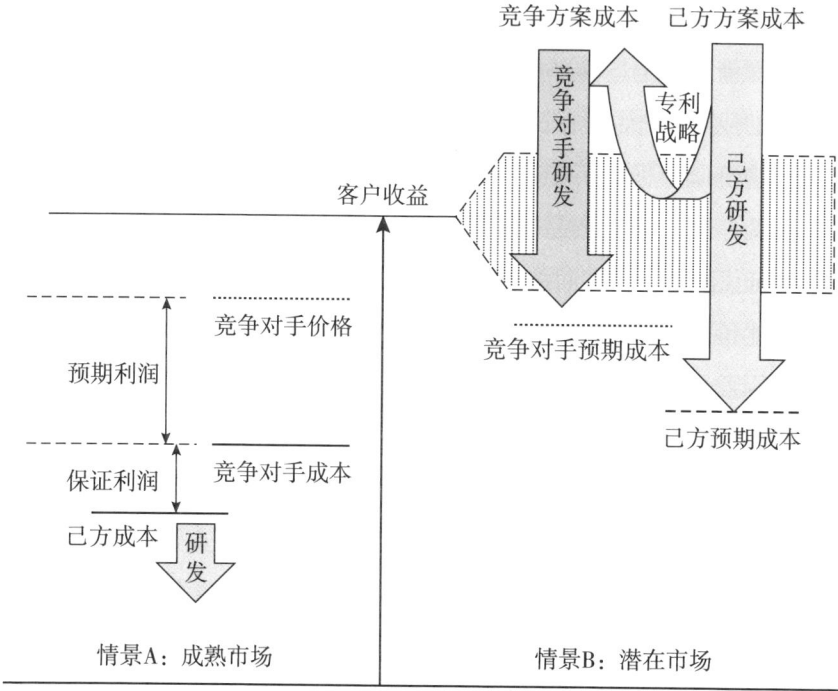

图2-1　产品价值实现的博弈

对于客户需求完全没有解决方案，或者所提出的解决方案是否能从技术上实现不可知时，该方案的潜在成本就无从知晓，可以认为该方案的成本为无穷大。当一个技术方案中有任何无法预知的知识缺口时，即可认为该方案的潜在成本为无穷大。当所有的知识缺口得以弥补后，就可以基于已有信息对该方案的成本有大致的估算。对应第一章中介绍的概念，该研发项目就完成了从研究到开发的转变。

因此，我们可以这样定义：研究就是为潜在的解决方案标定初始成本的过程，开发就是在技术可行的基础上通过技术创新逐步把成本降到客户收益值以下的过程（见图2-2）。

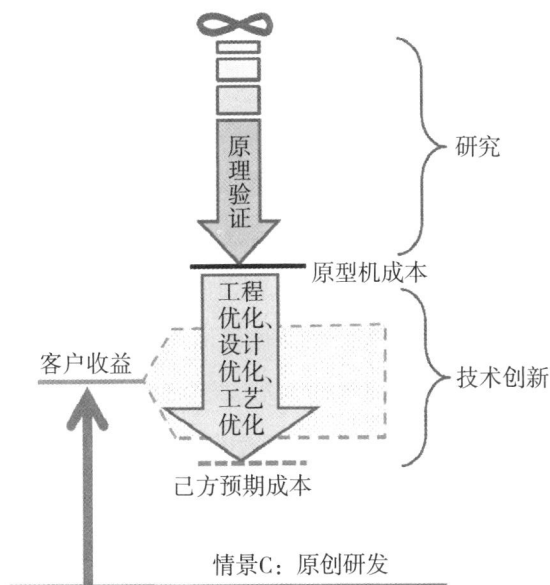

图2-2　需求研究工作的研发项目演进过程

如何评价客户收益

从上面的分析可以看出，所有研发活动的决策都是围绕客户收益做出的。因此，如何确保有一个量化且可信的客户收益，就成为研发能否成功的基础。

任何一个研发项目立项的时候，研发决策人都会认为自己已经知道客户价值（收益）是什么，可为什么众多的研发项目（或者说多数研发项目，初创企业类似）仍然栽倒在这一点上呢？

作为立项依据，客户收益的定义必须同时满足三点：具体、可信（可靠）、量化。缺一不可。

具体，即客户产生收益的具体实现场景，什么企业的谁（具体到个人）在什么时间、什么地点碰到了什么样的问题，损失了什么，为什么该问题没有解决还是有临时方案，问题出现的频率、持续时间、急迫程度，对方案有没有场地和时间限制，客户是否愿意付钱解决问题，客户是否有钱付，对方案提供方身份有没有倾向性，该问题是否为客户的头等大事，以及具体的采购流程是什么，谁负责采购决策。

可信，即确保拿到的信息是可靠的。与之相对应的就是假设。合理的假设和推断是必需的。然而，任何推断都会带来与事实有差距的风险，比如自己亲眼看到的信息比转述的信息可靠，自己调研总结的趋势比行业报告的可靠，有具体时间、地点、人物的信息比描述性信息可靠等。作为研发人员和项目决策人员，在试图拿到具体信息的前提下，仍然要确认信息是从谁那儿得到的。比如现场操作人员告诉你问题的重要性时，可靠性就低，因为对一家企业来讲重要性是一个相对概念，必须在更大的范围内比较才能得出结论，而现场操作人员只是基于他们工作环境范围内的信息进行判断。

而关于问题的发生频率和严重程度，从企业的CTO（首席技术官）口中听到要远比从CFO（首席财务官）口中听到更可靠。信息不可能无限准确、可靠，如何尽量用最少的资源获得信息并确认其可靠性，尽量减少不确定性对项目造成的风险至关重要。如何判断不同的不确定性（可信性）对决策风险的贡献，是一家企业或团队的项目决策能力的核心体现。

要做到减少信息不确定性对决策的风险，企业决策层和团队必须做到：培养和训练以客户的视角讨论问题的文化；客观公正地找出所有逻辑链条中的假设点，并对每个假设点进行错误决策测评；掌握科学的假设识别和测评的方法论或工具；以规章制度保证需求信息不确定性风险点的识别和量化。

量化，即在保证获得的客户需求具体、可信的前提下，进一步量化。根据量化后的需求信息与量化后的技术开发风险，才能有效评估项目的成功率和投资回报率，并进行项目的优劣比较和选择。如前所述，只有收益高于投入的企业才能存活和发展。对于未发生的事情不可能做到绝对的量化，判断的标准就是考虑了不确定性后的量化范围是否足以说明投资回报率高低。例如，一个项目的执行花费（考虑了技术风险后）在100万~500万元，虽然不能精确量化，但超出这一范围的可能性非常低，那么该项目的预期收益如果是100万~500万元，那么这个量化指标的精确性就不足以支撑项目的投资决策。

而如果项目的预期收益是1亿~100亿元，即使收益的数据量化精确性非常低，该项目的投资决策仍然不会有太多悬念。注意，任何有知识缺口的项目，其投入风险自动是无穷大的，必须明确如何用最少的资金投入量化技术风险，确定一个可信的范围供下一步项目决策。

计算出不确定性加权量化后的投入和预期收益后，项目的投资决策就会变得相对容易。我们把投入和收益关联到图2-3中，项目会自然分为四类：高投入（风险）、低回报，高投入（风险）、高回报，低投入（风险）、低回报，低投入（风险）、高回报。在实际的收益计算中，只知道客户价值是不够的，因为为客户创造的价值只是客户潜在愿意付出的"价格"，最终的价格还要面临竞争方案的挑战。如果没有竞争对手，客户没有其他备选方案，所有新客户价值都可以包含到我们的价格中去，客户只能接受我们提出的价格，直到所有新方案产生的价值全部消失为止。

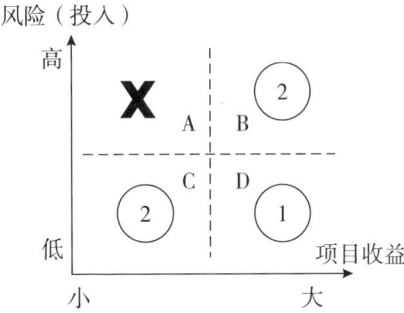

图2-3　不同投资回报项目的选择

这时，我们的收益最大（价格减去成本）。一旦有竞争对手加入，我们所能要求的价格上限就是竞争对手的要价。在博弈过程中，如果竞争对手价格的底线是他们的成本，那么双方的成本差是我们唯一能保障的收益，其余都要靠商业手段去获得了。

这里有必要提醒一下，从商业的角度看，申请专利的目的是提高潜在竞争对手的成本，从而为三方博弈中的我们创造更大的收益空间，关于知识产权（请注意，不是专利）的内容我们在本书后面的章节阐述。

如何在图2-3中的四个象限之间作选择，形成一个合理的项目组合，非常考验企业决策者的智慧。

在真实的商业环境中，投资人往往是在B和C两个象限中选择，高投入（风险）、高回报还是低投入（风险）、低回报？从投资回报率上相比它们很相似。

没有人会主动选择象限A，即高投入（风险）、低回报，但它实际发生的概率远远超过大家的想象，因为人会倾向于低估风险并高估收益。好在没有人会故意选A。

最有挑战性的决策是面对象限D的"机会"，许多投资人和决策者都在追求低投入（风险）、高回报的机会，但实际情况是这几乎不存在。

小　结

本章阐述了商业研发活动的最终目的——提供创新的解决方案给客户，并通过解决客户的问题创造价值，从而获得经济收益。我们同时梳理了不同阶段的研发活动与最终目的之间的关系，对于一个具体定义的研发项目，必须是一个量化了风险与收益的项目，有明确的边界和计划，能评估投资回报率。鉴于研发项目的存在是以客户的问题和需求为基础，任何对客户问题缺乏清晰量化定义的研发项目都不可取。

第三章

如何组建世界一流的研发组织

CHAPTER 3

摘 要

· 设立研发组织的目的和定位要清晰明确，企业全体认识统一。

· 研发组织，尤其是定位前沿技术开发的研发组织就像一台高度精密的机器，需要一个完善的"生长"过程。

· 3颗种子的质量对于研发组织的"生根发芽"直至成功建立至关重要。其中2号种子（研发管理专家）的素质起到决定性作用。

· 研发组织的发展过程分为筹备期、启动期、稳定发展期和突破升华期。其中，启动期最为凶险和惊心动魄。

· 研发组织内部，合理顺畅的研发管理体系至关重要。

· 研发组织外部（企业层面），对其他部门的预期管理和与研发上下游的配合机制至关重要。

· 组织发展要循序渐进，以短平快项目为主开局。

· 坚决秉持研发为企业经济效益服务的宗旨，把可量化的经济效益作为评判研发项目和研发任务的首要标准。

在全民高呼创新、认识出奇一致的今天，不成立个研发组织感觉都对不起这个火热的时代。

但是，当我们一腔热血准备为了国家的科技事业大干一番的时候，我们的企业是否做好了运营研发组织的准备？

企业里的绝大多数部门都是基于相对确定、已知的事务开展业务，即便过程中有暂时的不确定性，这些不确定性的类型和形式也基本是已知的，无非是管理好这些事务相关信息的收集和使用。因为方向明确，信息总是可以收集到的。只要有足够的信息，总有决策的技巧和套路来执行。

但研发部门与企业其他部门截然不同，研发创新就是要产出原来没有的东西，其结果和过程具有天然的不确定性。相比于生产运营，处理这些不确定性的事务需要全新的组织运行模式和人才结构作支撑。如何让这样一个组织从无到有地成长起来，并发挥出预期的作用，是一个历史难题。

赋予研发组织的创新使命越复杂（如原创硬核技术、复杂系统、突破性技术等），其中需要解决的不确定性就越复杂，越是需要一个功能完善、高度精密、高效运作的研发组织来承接。打造这么一台高度精密的"机器"不是一项容易完成的任务。培养一名能做桌椅的木匠容易，培养一名能设计和建造出极好的指南车的大师难如登天。

对个人的培养如此，对于研发组织的培养更是如此。我们不可能把最灵巧的手、最明亮的眼睛和最聪明的大脑拼在一起，拼出一位鲁班来，同样，我们也不可能把许多技术大牛简单聚集在一起就组成一个能运行的研发组织来。一个正常运作的研发组织需要"生长"出来，才能成为一个有战斗力的组织。

那么，如何"生长"出一个合格的研发组织？下面我们从时间维度和空间维度来剖析研发组织的发展过程（见图3-1）。

图3-1 研发组织的发展过程

从时间维度看，研发组织必然会经历从无到有、从有到大、从大到稳、从稳到强这几个阶段。

从空间维度看，研发只是企业的一项职能，并不能单独存在，研发组织的成立和发展必然会受到其所在的企业这个环境的影响。因此，研发组织成长分为内部和外部（所处企业）两个层面：内部是执行层面，外部是评判层面。内部研发活动的正常开展需要有人、有钱（资源）、有活儿三个角度的支撑。外部的评判分为干什么、怎么干、结果怎么样三个角度。由于研发单位在企业中处于从属地位，从旁观者视角将其理解为上下级关系可能更全面一些。

我们把研发组织成长过程的时间维度和空间维度信息展示在图3-1中。因此，我们剖析一个研发组织的成长，从这6个维度基本就可以覆盖全貌。从建立研发组织的角度，也主要围绕这6个维度开展工作。

其他的职能支持部门，如财务、人事、采购等，其工作内容与其他的生产运营单位没有本质的不同，只是需要根据研发活动的特点做形式上的调整和适应，其组建和发展过程相对直接，与研发活动本身的对接配合和工作方式属于创新文化的范畴，这里不做具体的论述。

研发组织筹备期

研发组织的成功设立，需要3颗必不可少的种子。

1号种子：企业层面的好领导（合格的主要领导）。

2号种子：组织层面合格的研发管理专家。

3号种子：合格的技术专家。

这3颗种子依次发挥作用，缺一不可。

企业层面合格的主要领导（1号种子）需要根据企业的发展阶段，为将要成立的研发组织设定正确的定位（干什么）。我们一再强调，研发组织是企业的组成部分，必须为企业的发展服务。因此，将要设立的研发组织应当为企业发展发挥什么作用，必须由主要领导根据企业的发展趋势来分析断定。由此，我们可以推论出：第一，1号种子必须对企业的发展战略和方向有深刻的理解；第二，1号种子对于研发组织能干什么，将如何在企业中发挥作用，发挥什么样的作用等有非常清晰的规划（见图3-2）。

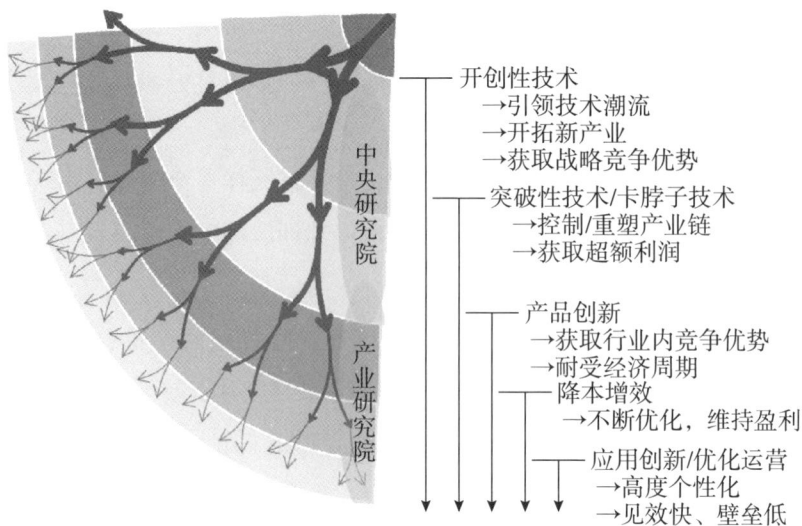

图 3-2　创新体系中不同类型的研发

如果缺少合格的 1 号种子，将要设立的研发组织则注定是个悲剧。

1 号种子确定了研发组织的定位后，首要任务就是寻找合适的 2 号种子——合格的研发管理专家。高素质的 2 号种子的能力和学识，最终将会转化为研发组织中科学合理的研发管理体系。

2 号种子到位后，在构建研发管理体系的同时，根据企业的战略和研发组织的定位，会开始寻找 3 号种子（符合研发方向的技术专家）。3 号种子根据需要可能是一个或多个。

3 颗种子全部到位之后，研发组织正式开始"发芽""生长"。

在这个阶段容易犯两个错误。

错误一，对 2 号种子的重要性认识不足，更糟糕的是不知道 2 号种子这个需求的存在，把技术专家（3 号种子）当作研发管理专家（2 号种子）使用，以为技术专家自然就是技术管理专家，从而让技术专家主导研发体系的搭建。这就注定了开局后的研发管理体系混乱不堪，大家总是忙乱不堪，却总忙不到点子上，时常在浪费时间、浪费资源，各种矛盾长期得不到解决。

更糟糕的场景是，在自己原来的研发体系框架中受到制约的技术专家们，突然被赋予了很多他们从来没有过的权力和责任，在缺乏成熟框架制约的情况下，少数心术不正者（不影响技术能力）的人把研发组织变成了一个乌烟瘴气的地方。

错误二，使用错误的标准选拔技术专家，以学术界（大学）的标准为企业寻找技术领头人。解决企业发展中的技术需求与学术界以发现为特征的研究有本质区别，需要完全不同的能力结构和思维方式。如果由不合格的2号种子来主导技术专家的选拔，就很有可能会搜罗到一群完全不能胜任企业研发工作的技术大牛，"成果"出了一箩筐，却跟当初设立研发组织的初衷相去甚远，等到发现问题可能已经是多年以后，造成无法挽回的损失。

最初的一批技术专家作为组织里的3号种子，对后来的团队会起到榜样和定标的作用，除了技术能力，其人品和作风也会对组织的发展产生巨大的影响。一个团队里，如果第一位专家为人正直、公心为先、乐于助人，则跟随他的人也往往都会成长为令人敬佩的学术领头人，不断组建有凝聚力和战斗力的研发队伍。如果第一位专家心胸狭窄、损公肥私，则他带出来的团队也往往会自以为是，各自为战，格局难以提升，成为一盘散沙。在研发组织成立初期，要尤其注意甄别和杜绝这种"有毒"的专家，若不慎引入，要不惜一切代价坚决剔除。

在筹备期，1号种子和2号种子除了寻找合适的3号种子，还需要规划和筹措必要的软硬件资源，比如场地、实验平台、启动资金、人才政策、辅助职能等。

研发组织启动期

当第一批技术专家到位之后，研发组织从无到有，正式进入启动期。

启动期第一阶段：练手。

要有项目，有活儿干。初始的活儿的定义可能质量不高（ROI角度，ROI即投资回报率），但是要能让团队迅速进入工作状态，同时利用第一批项目，把所有管理过程和基础研发条件梳理顺畅，俗话说，先把路蹚通。这个阶段大多在1年左右。在这个阶段，不管研发队伍报出多牛的结果，不要抱有太高的期望，因为各种研发的辅助设施、流程和配合机制都没有到位，即使在某一个环节上有非常好的技术结果，也很难在短期内形成合力产生实际效果。

启动期第二阶段：出活儿。

在第一阶段把各种日常流程蹚通的基础上，建立科学合理的立项机制和项目管理机制。设立第一批高质量的项目，确保团队发挥应有的作用，以完成正确的研发任务。

关于立项的原则和标准以及立项机制，我们在后文中将做详细的论述。启动期第二阶段最重要的任务就是建立一套完善的标准和流程，让团队做到有章可循，有据可依，科学合理地定义项目、执行项目、管理项目。

关于项目执行过程的管理模式我们没有做过专门论述，但是市面上关于项目管理的培训课程和认证非常多，这里就不再赘述。这里需要强调，定期的项目评审和沟通会对于组织的系统性管理至关重要，从组织的角度，至少需要每个季度听取一次项目汇报，对于项目执行过程中碰到的问题进行发现、归纳和整理，做出个性化的或体系层面的应对。

启动期的关键词是建立。在组织层面建立研发管理体制机制和初步的创新文化，在团队层面建立工作关系和项目执行能力，在个人层面建立解决具体技术问题的能力（六西格玛工具＋专业知识）和自身的软能力成长规划。在启动期结束之时，应当建立起全方位的组织共识，包括战略定位、短期目标、体系运行、行为准则、日常工作方式等，简而言之，就是需要回答"怎么干"的问题，并在组织内外形成共识。合格的2号种子需要根据研发组织运行的内在规律，制订一份科学完善的组织建设方案和任务清单。

（1）组建核心管理团队。

（2）构建愿景计划。

（3）设计组织架构。

（4）制定责、权、利运作方式。

（5）领衔人员招聘（2号种子亲自参与启动期主要员工的面试）。

（6）建立与企业其他部门的沟通协调机制。

（7）建立项目全生命周期管理框架。

（8）完善研发软硬件条件。

（9）预估各方面资源预算并获取支持。

（10）制订培训计划和组织文化培育计划。

（11）制定定期的风险评估和应对方案。

以上建立过程是一个磨合和碰撞的过程。在内部，来自五湖四海的人围绕一个共同的目标，不断地修正和调整自己的工作方式，最终成为有凝聚力的研发组织的一部分，是为"磨合"。在外部，企业领导和总部各部门及其他生产运营单位，必然从自身经验和立场出发，对这个新生的组织充满各种预期。限于各自的视角，这些预期绝大部分与实际情况相差甚远。随着研发组织的建立和运行，大家都有了一个近距离观察、互动和重新理解的过程，最终形成一个稳定合理的相互认知，为组织的稳定发展、相互协作打下基础，这个内外互相校正认知的过程，是为"碰撞"。

内部磨合过程中，研发管理专家（2号种子）需要对这种统一认识的内涵、规律和技巧有深刻的认识。如果2号种子缺位或不合格，或者对这三个维度的经验和认知不足，就有可能让这个过程迁延多年，而且效果也大打折扣，形成组织发展的硬伤。

在外部碰撞过程中，需要1号种子以及企业其他部门同事对这个相互的认知、适应配合过程的规律有预判和预案，并有计划地采取措施，在认知和配合这两个维度尽快达成默契。否则，必然会形成研发组织与企业其他部门"两张皮"的问题，误解丛生，无法高效配合，最终对企业的发展无法形成有效支撑，浪费宝贵的研发资源和发展机会。可能会出现如下场景，总部发出质疑："同样是搞创新，为何华为公司可以盈利，你们研究院却不能盈利？"在日常的管理流程上，由于对研发活动内在特质的理解，常常出现总部制定采购等组织考核指标时，把研发物资和服务的采购过程跟生产单位按照相同标准考核的情况。凡此种种，都是在启动期没能正视新生的研发组织与企业其他部门的认知整合需求，任由其误解自由发展直至形成灾难。

在内外认知统一的基础之上，必须建立相互配合的机制，形成明确的分工合作预期和衡量标准，从企业整体层面推进相关机制的形成。至于具体的合作机制和操作方式，很多以创新见长的综合型企业或跨国公司都有成熟的模式可供借鉴。作为1号种子和2号种子，需要对这个维度的工作重要性有足够深刻的认识，并采取专项行动，务必达到预期效果。如果不能成功建立研发组织与其他生产经营单位的配合机制（从前期立项、资源配置到后期成果交接等），后期必然会出现：立项依据在假设上，指标设定在先进上，研发止步于鉴定上，成果停留在宣传上。

启动期结束的标志为：内外认知一致，上下游配合顺畅，项目运行高效，组织运转稳定。在理想状况下，启动期短则1年、2年，长则3年、5年。如果出现能力缺位或计划不周，在组织定位为前沿技术研发的情况下，迁延10年也不是没有可能的。

启动期的项目选择需要特别注意一点：以短平快项目为主开局。万万不可在这个非常不稳定的时期大规模启动中长期研发项目，叠加额外的不确定性，使组织的成长风险陡增。

2007年我在GE工作，虽然GE那时在中国投入了大量的研发力量，但是公司业务在中国市场的发展远低于大家的预期，研发团队也没有对本地业务发展形成直接的支撑。GE中国研发中心总裁陈向力博士在调研总结GE以及其他跨国公司在中国市场的发展瓶颈之后，提出了"在中国，为中国"（In China For China，ICFC）的研发战略，要求集团公司给予中国团队能自主决策的专项研发资金，用于有针对性地开发适用中国客户需求的技术。虽然阻力很大，但是经过艰难的沟通，研发团队争取到了向GE董事长Jeffrey Immelt直接汇报讨论ICFC战略的机会，设立一个中国市场专项研发基金In China For China（ICFC）Fund终于在2007年年底获得同意。

基金设立之初，GE的CTO Mark Little为基金支持的项目设定了两条规则：一是项目必须是短平快项目；二是项目必须有具体到时间和客户群体的预期销售计划。

当时我作为GE中央研究院的部门经理，对此两点要求非常不理解，然而多年以后回头审视ICFC基金的发展过程，我无比佩服领导们的大智慧。

一个新组织的成立，必然会伴随各种质疑的声音。

从组织成立的那一刻起，三方（研发组织、支持方、质疑方）力量就开始了与时间赛跑的过程。这是研发组织的发展规律（见图3-3）。

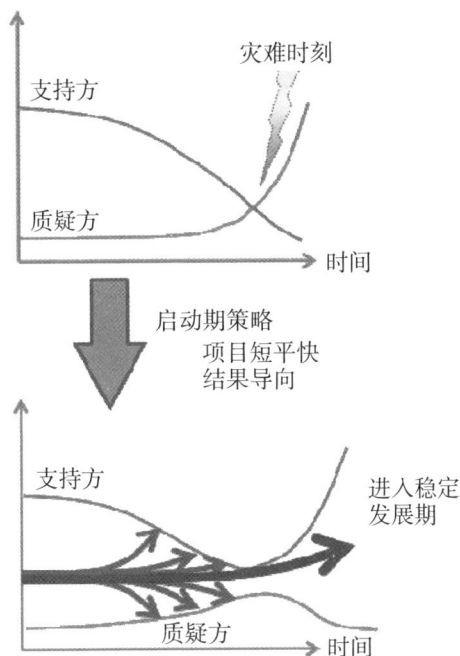

图3-3　研发组织发展规律

正常情况下，随着资源的不断消耗，质疑的声音必然会随时间增多。在这个过程中，唯一的变数是研发组织自身，要不断地做出成绩，增强支持方的信心，打消质疑方的疑虑。

因此，在组织成立的启动期，要坚决摒弃好高骛远的理想主义，先用短平快的项目尽快证明组织自身的价值，为后面的稳定发展期奠定一个良好的舆论基础。否则，如果在正反两股力量此消彼长并最终换位的窗口到来之前，新组织还没有证明自身的价值，以后就可能凶多吉少，极难翻身，空有一身本事、远大的抱负，也无济于事。

短平快项目的另外一个隐性的好处是反馈快，如果有认识偏差，就能迅速迭代纠偏，非常有利于训练团队，测试流程，形成稳定的工作机制。

Mark Little的第二条规则，直接切中了组织启动期的另外两个痛点：第一，对内形成统一认识，提醒大家研发的最终目的是什么，形成正确的文化导向；第二，为了形成销售，就必须要求研发部门与生产运营部门紧密配合，倒逼全体系配合（研发、生产、商务）机制的形成。

新成立的研发组织，其文化必然是多样的，各路大神带着各种背景、个人风格和思潮汇集在一起，同时每个人都是原有体系的螺丝钉，突然在一个缺乏共识框架的开放空间，人们会下意识地推动环境向有利于个人发展的方向走：发文章作为学术资本，获得专利为以后找工作准备，各种作秀、争风头、抢岗位，假公济私对外合作建立私人圈子，凡此等等，在没有一个明确的方向和标准的情况下，都可以披上合理的外衣，肆意消耗组织资源和信任度。

在明确了以销售业绩为唯一的衡量标准后，所有具体的做法都可以用这把尺子衡量，有利的留下，不利或无用的制止。在经历短暂的混乱之后，组织会迅速形成统一的策略，凝聚战斗力，聚焦于主要目标，冲破图3-3中的灾难时刻。

明确了标准和短期目标之后，就是痛苦的磨合期了。

研发组织成立之前，各生产运营单位已经形成了稳定的工作关系和生态。研发组织成立之初，各生产运营单位必然下意识地把其当作异类、新来的、麻烦制造者，尤其是在原来的体系下过得很滋润的那一拨儿。而研发的本质是为生产经营服务，需要生产经营单位的支持，需要他们在前端定义需求、在后端落地成果。在组织成立初期，生产经营部门很自然的想法就是"凭什么你们整出来的事儿要我来背锅"。这是人性，无关对错，因此在这个问题上管理层不应该有幻想，以为不采取措施问题也会自然消失。ICFC基金项目设立初期，出现了各商务团队激烈反抗的情况，同时技术团队的信心严重不足，甚至有人放言："要是把我放到ICFC基金项目上去，我明天就辞职。"对于经历过新组织成立的读者，这是不是满满熟悉的味道？

ICFC基金项目最终取得了巨大的成功，成为哈佛商学院全球化商业经典案例，很多跟随ICFC战略的同事和领导获得了职业跃升。在这个过程中，Mark Little起到了一个完美的1号种子的作用。

第一，Mark Little受公司董事长所托，以整个集团公司CTO的身份亲自参加所有立项评审，确保给所有人传递ICFC战略是整个公司战略意志的信息。杜绝各子公司、分公司同事认为这是研发组织自己搞出来的事儿，产生局外人心态的情况。

第二，亲自坐镇确保他所提的两条规则得到彻底的贯彻执行，也给本地的实操团队一个观摩学习的机会，为后期由本地领导完全主导管理打下经验基础。为了贯彻"以终为始，市场导向"的原则，他要求所有的立项评审和季度评审由商务团队来汇报项目进展，这充分体现所有研发项目为生产运营服务的思想，同时以机制保障了生产运营单位在研发项目中的主人翁地位。

第三，他亲自出马修理"捣糨糊"的子公司、分公司领导，曾经因为ICFC项目的某个具体研发任务安排问题（当时在我们看来不大个事儿），批评子分公司领导（集团层面的VP），在整个ICFC战略和方向问题上坚决捍卫原则，不因事小而放过。

一旦配合机制理顺，思想统一，项目的执行就变得海晏河清，惠风和畅。两年后，当第一批成果落地，有了辉煌的销售业绩，所有质疑的声音都消失了。每个人都在问：我们怎么能复制这种成功？在GE内部，ICFC战略在全球新兴市场推广；在GE外部，各跨国企业纷纷设立类似的基金或战略。

而GE的中国ICFC基金管理团队却开始悄悄地向下一个目标迈进：通过战略性的前沿技术开发，布局全球市场，培养世界级的技术专家团队。多年以后，中国的水处理技术团队成为全球的扛把子，全球其他地区（包括美国）的团队有什么新想法，首先想到的是让上海团队评判；GE北京的CT（电信化）技术团队成为全球当仁不让的技术高地，以至于总部开始担心北京团队要是有什么闪失的话，对整个公司CT业务的打击将是毁灭性的。

启动期结束的标志就是一个稳定运行的研发管理体系建立（见图3-4）。

合理运行的研发体系是高研发效率的保障

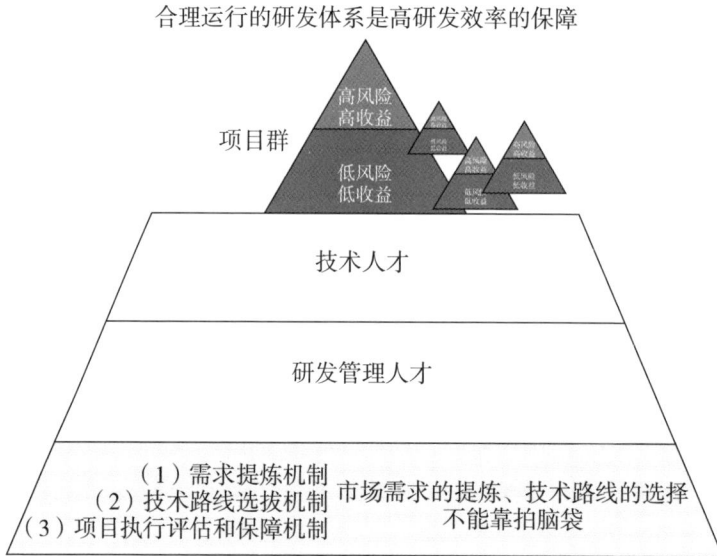

图3-4　稳定运行的研发管理体系

在我们开始下一个发展阶段的讨论之前，简单总结一下启动期的关注重点：

第一，3颗种子的质量至关重要。现实中，一个人充当3颗种子的可能性极小。对于有心推动这件事儿的领导（1号种子）来说，并不一定要具备3颗种子的所有能力，但是绝不可以不清楚这些需求和问题的存在。否则，现实会以血淋淋的方式做出提醒。具体到每一颗种子，往往也难以完美体现在某一位领导身上，这种大神级别的集必要能力和认知于一身的人可遇不可求。现实中更可能的情形是有一个小团队代偿三个类别里面的功能，确保各方面的问题得到妥善应对和解决。

第二，启动期的核心任务：一是建立体系机制；二是建立内外一致的共识。

第三，启动期的研发工作侧重点：项目短平快，以终为始、效益为王。

第四，启动期的难点是内外合作机制的磨合。

第五，死局不入：弱势支持不可为（支持力量略大于质疑力量），这种情况大家要避而远之（见图3-5）。

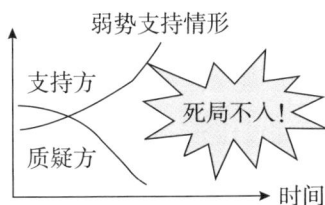

图3-5　弱势支持情形的研发组织

研发组织稳定发展期

一旦研发组织度过艰险的启动期，就解决了生存问题。机制运行顺畅，团队稳定能干，内外认知一致。所有的危机终于可以放诸脑后，开始放眼星辰大海。

稳定发展期表面看似没有多少波澜，但研发组织后期是否能够进入突破升华期，全取决于稳定发展期集聚的力量。对于缺乏雄心壮志的组织，可能后续就会一直简单延续该阶段的工作状态，不断完成立项交付的循环周期，这也是绝大部分生存下来的研发组织的长期状态。

对于有雄心和有情怀的研发组织的领导（雄心也可能来自1号种子的要求），除了日常的项目立项、管理、交付等稳定业务，核心关注焦点有两个：技术布局和人才培养。要充分利用这个稳定时期，从技术和人才两个维度夯实组织发展的基础。

发展无非三个维度：人，事儿，资源。其中，人和事儿是相互促进、协同发展的过程。有了合适的人，才能有布局突破性技术的抓手；反过来，有了突破性技术的机会，才有了锻炼人才队伍的平台。随着人和技术的逐步推进和成熟，再共同去组织协调整个企业的相关资源（资金、共识、信任度、业务、市场）。

需要强调一点，人才培养的核心是"练"。一方面，要不断地、循序渐进地把好苗子放到一级一级的扩展平台上锻炼。越难越复杂的任务，锻炼的效果越好。研发组织的领导要善于识别人才成长的阶段，在每个阶段培养所需的合适岗位，有意识地进行匹配，同时做到事前沟通、事中指导和事后总结，加快人才成长的速度。这样便能够达到既完成任务，又锻炼队伍的目的。而庸俗的组织领导，只会为了完成任务，简单机械地安排工作。

另一方面，要引导所培养的人才队伍养成培养更年轻的队伍的习惯，渐次在多个领域形成一个个完备的人才梯队。从组织层面，形成一整套人才的发现、发展和提升战略。当最初引进的一批技术专家逐渐湮没在组织自身培养的技术带头人群体中时，人才培养体系才算是初步建成（见图3-6）。

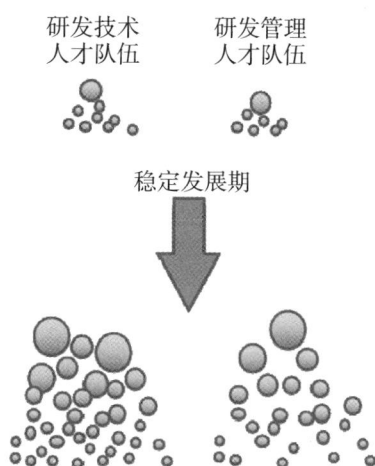

图3-6　研发人才培养体系搭建

对于突破性的技术布局，要以行业发展趋势为依托，在有行业洞察力的技术专家的带领下，分析挖掘潜在的重大技术需求，然后广布点、浅投入，根据验证性研究不断筛分和调整，让真正有机会的技术突破点（技术可行性、行业影响力）逐步显露出来。在这个阶段，切忌抱有赌博心态。整个组织要深刻认识并熟练掌握TRL（Technology Readiness Level，技术成熟度）的分级标准和指导原则，用以指导技术的筛选过程。

研发人才梯队和研发管理人才梯队的形成与成长过程，自然而然伴随研发组织整体对各种研发规律和技术成熟规律的深度掌握：即不断练习是获得经验和判断力的过程，而不只是停留在知识层面。主要有以下四个方面的深刻体验：

第一，对TRL的深刻认知和以此为指导的研发任务安排。

第二，全面深化普及的技术问题识别和解决方法论（六西格玛项目流程和六西格玛工具）。

第三，完善的全新技术和市场机会筛选标准与流程，类似于跨国公司的NTI（New Technology Introduction，新技术引入）流程。

第四，从技术到市场的路径打通并建立完善的保驾护航管理体系，类似于跨国公司的NPI（New Product Introduction，新产品引进）流程。

对于第三和第四方面，其本质是一家机制化的企业多方协调沟通和决策流程，最大化地降低技术落地过程中的不确定性（按照普适规律），形成组织的一致意见，共同完成技术的产业化并为企业产生效益支撑。

在稳定发展期，组织要有厚积薄发的态度，既不能甘于平庸，也不能拔苗助长。简单总结一下稳定发展期：

第一，核心特征是组织运行稳定，不断有升级换代性质的技术应用到生产运营单位，持续产生经济效益。

第二，领导要有韧性：心怀高远，不急不躁，苦练内功，稳步推进。

第三，工作重点是技术布局和人才培养。

第四，技术靠"筛"，人才靠"练"。

第五，对于TRL的分级要有深刻认识，并以TRL为核心指导思想，建立完善的项目筛选机制、研发任务执行逻辑和技术落地机制。

研发组织突破升华期

当研发组织在稳定发展期积攒了足够的内能之后，就会择机进入突破升华期。

这个时期的标志性事件是一批重大研发成果的产业化落地，形成重大经济效益和社会效益。

围绕重大成果产业化，形成事前、事中、事后三个阶段。

事前阶段：研发组织兵强马壮，积攒了一批经过逐级验证的重大技术等待落地。万事俱备，只欠东风——重要产业投资机会的出现，从而使之前布局的重大技术有用武之地。

一方面，研发组织的领导和团队应该主动出击，积极沟通，想尽一切办法紧紧抓住可能的技术落地投资机会。

另一方面，研发组织要确保首次推出的重大技术已经经过了TRL标准的层层验证，落地必定成功。到了这个阶段，绝对不可以再以技术不确定性为由为自己开脱，出现技术问题必定是失职造成的。由于是重大技术投资，失败造成的后果也必定非常严重，可能导致研发组织多年积攒的口碑全面坍塌。

从行动上，研发组织要虚心接受一切建议和挑战，仔细论证，万不可抱有敝帚自珍的心态，把对技术的挑战当成对团队的挑战。在不产生利益冲突的前提下，尽可能邀请各方面的专家予以论证和推敲，详细制定应对方案和备选方案。

事中阶段：一旦项目落地，启动建设，研发组织要放下身段儿，团结一切可以团结的力量，一切以技术成功落地为准则，做好妥协的准备，在必要的时候牺牲必要的组织利益。技术团队要杜绝以我为中心的心态，充分尊重生产经营专家的意见，为工程建设方和运营方提供充足的技术力量支持，形成合力。

事后阶段：研发组织对整个技术落地过程复盘，总结得失和经验教训。

第一，总结整个产业化的过程、规律，为下一个重大成果落地做好准备。

第二，对一直以来参与的所有人员论功行赏。

第三，做好沟通宣传工作，树立研发组织的形象，创造良好的发展环境。

经过多项重大技术的成功落地，一个强大的研发组织已经成功建立。相信参与其中的所有人都会有一览众山小、舍我其谁的感觉。这些技术不断地更新换代，所能达到的学术和产业成就更多取决于其所在行业和外部环境，从研发组织设立者和管理者的角度，他们能发挥的作用不大了。

从建立到发展阶段，这个过程往往需要10年以上的时间。如果中间有一些坎坷，几十年时间也有可能。

小　结

对于一个已经功成名就的研发组织，长期发展的挑战是如何形成良好的组织文化，防止骄傲自满，做到避免第一代成功者成为"学阀"，阻碍年轻人的成长，使得组织逐渐走向僵化。在工作安排上，研发组织要不断地开拓新的领域，永葆发展氛围，创造更多的发展机会，防止人才梯队形成踩踏效应。在实操层面，这些很可能已经是第二代或第三代领导的任务了。

从研发组织的成长环境角度分析，有几种不同的情况。

第一，企业原本就有成熟完善的研发组织，需要重新复制一个出来。

（1）特点：1号、2号、3号种子完善齐备，只需内部调动，设立好目标按部就班推进即可，成功概率极大。

（2）各跨国公司的研发机构在中国的布局大多属于这种情况，用人不当操作失误的情况也有，但是比例不大，而且能快速自我修复。

第二，企业原本有成熟完善的研发组织，但是不满意，希望重新建立一个。

（1）往往是1号种子想推动，但是由于已有体系的干扰，找到合适的2号种子难度较大。

（2）原有的研发组织天然是质疑的力量，1号种子的决心往往也不大。

（3）最终沦为前文提到的"死局"，不可为。

第三，企业原本没有任何研发组织，希望从零开始，成立研发组织。

（1）需要有高质量的1号种子。

（2）找到合格的2号种子是最终走向成功的关键。

（3）组织目标定位缺乏参照，容易发生偏移，需要高度警觉。

第四，初创科技企业从一开始带有研发的基因，但是企业发展成规模了，需要成立完善的专业化研发组织。

（1）需要紧跟企业当前需要，一切以短中期效益为准，可少量尝试性地做技术布局。

（2）找到合格的2号种子是存活的关键。

第四章

研发管理体系的搭建——
责、权、利管理

CHAPTER 4

本书主要的读者对象是准备建设研发组织的领导、新研发组织里的各层管理者、没有在竞争性的成熟研发组织里历练过但又很需要相关知识的人员。

对于在竞争性行业里稳定运行的研发组织的管理者，本章内容可能属于基本常识，基本到甚至感觉不到这些逻辑的存在。

国内很多研发组织运行起来问题很多，很大一部分原因是这些基本管理逻辑的缺失，而处在其中的人认识不到或者认识不全面这些逻辑。

摘 要

（1）研发组织是企业的组成部分，必须以企业的效益提升为目的。

（2）研发活动是手段，不是目的。所有研发活动必须以解决企业的技术需求为目的。

（3）企业的中短期技术需求由产业部门负责制定，长期发展需求由总部战略部门制定，其他部门或研发组织参与辅助与提议，产业部门要全程参与并担负起主要责任。

（4）责、权、利统一，谁需求，谁出资开展研发活动。直接经费和间接经费的分口管理模式有一定的危害，出资须是全口径覆盖。

（5）企业须有体系化的研发成果管理机制，使整体利益最大化。

以上各条，企业的技术主管领导应有深刻的认识并负责落实。

（1）研发组织应建立与产业部门需求对接的机制（定时、定点、定人、定交付物）。

（2）根据不同类型的需求落实投资回报率，以进行项目立项。

（3）研发组织内部需要有完善的项目评估和立项机制。

（4）项目在执行过程中，要为产业提供投资决策，要不定期评估，为决策者提供是否继续执行的依据，评估要以最优的路径、最少的支出获得可靠的结论。

（5）项目管理与组织管理是两个截然不同的逻辑，要杜绝以管组织的方式管项目，甚至用管组织来代替管项目，从而造成因人设事问题。

以上各条，研发组织负责人应有深刻的认识并负责落实。

企业是要盈利的，企业里所有部门都是围绕这个最终目的在运作。围绕最终目的的责、权、利是企业管理的核心。所谓管理体系，就是围绕责、权、利的制度设计进行管理。权责不清或权责不一致是各种管理问题的病根儿，研发组织也不例外。

行事前，列梗概；

责、权、利，是利害。

有责无权是陷害，

有责无利受伤害；

有利无责是溺爱，

有权无责生腐败。

责权不清把事害，

心焦力疲互相怪；

领责任权利放开，

功成利现皆开怀。

所谓研发管理体系，就是围绕研发组织这个主体，在两个层面进行责、权、利体系设计。

一是确定研发组织作为整体与企业其他部门之间的责、权、利体系设计，我们称之为大研发体系。

二是在研发组织内部的责、权、利管理体系设计，我们称之为小研发体系。

下面就以研发部门的视角，依托外"责、权、利"和内"责、权、利"这六个方面，介绍应该如何搭建大研发体系和小研发体系（见图4-1）。

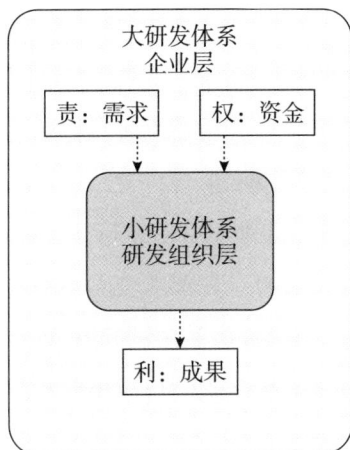

图4-1 大研发体系与小研发体系的关系

大研发体系

研发组织作为企业的一部分，其运作和功能也必须与企业的运行融会贯通。研发组织在企业中的职责就是为企业运行和发展中的问题提供技术解决方案，并帮助企业盈利。

因此，企业赋予研发组织的责就是企业发展中碰到的技术问题，也就是我们常说的需求。

研发组织要完成接到的研发任务，就需要调动资源（人、财、物），按照研发的规律制订研发计划，努力完成任务。调动人、财、物的权力，是行使职责所需要的权力，但是研发组织并不能直接产生盈利，而是需要靠企业获得资源，因此，企业配备给研发组织相应的资源以及对资源的支配权就是一次赋权过程。

研发组织经过内部的一系列研发活动产生的技术成果，就是利。

所以在大研发体系中赋责就是提出需求，赋权就是配备研发资源，分利就是对技术成果的管理。

从研发组织与企业其他部分的相互关系角度来看，可以把大研发体系中的管理问题归纳成三方面：一是责怎么领（需求怎么来）；二是权怎么赋（资源怎么给）；三是利怎么分（成果怎么归属）。

一、责怎么领

大研发体系的责（技术需求）是整个研发体系的立足点，对责的理解不透或不到位，会导致各种各样的问题。

既然是领责，就必然涉及从谁那里领的问题。

研发组织是负责解决需求的，需求本身必须来自企业的运营单位。站在企业的运营角度，通过技术开发能够解决的问题可以分为以下五类。

（1）提升现有产品或技术的性能，从而提高竞争力，卖更高的价格或者降低成本，以获取更多的利润。

（2）设置技术障碍，增加竞争对手的成本，从而让企业的产品获取竞争优势，进而获取更多利润。

（3）针对将要采购的产品或技术，积极进行研发，以此为竞争手段获得谈判中的筹码，压低购买价格。

（4）打通新业务模式的关键环节技术，拓展原有产品的应用方式和应用领域。

（5）探索新技术，如可能发展为新行业或新产业的潜在技术，为企业占据有利的市场地位（蓝海战术，本质是把竞争对手消灭在萌芽中）。

可以通过技术解决的问题或需求很多，性质跟以上五类问题大同小异。我们就以这几类问题为例，不再一一列举了。

需求1，获利的是企业内部的具体产业部门，而且效益是显性的，其中提升价格的显性指数强，降低成本的显性指数较弱。

需求2，获利的是企业内部的具体产业部门，而且效益是隐性的，这属于高阶玩法，对于产业部门的决策能力要求很高。

需求3，获利的是企业内部的具体产业部门，虽然效益名义上是显性的，但往往只在博弈的时候有用。急于博弈的时候，对成果的需求迫切性很高，也愿意付出一定代价；博弈有眉目了，马上就撤退。

需求4，要在企业的战略层面发现市场运行的短板，通过开发新技术开发新产业，与原有的产业或产品形成"1+1>2"的业务发展效果。获利体现在企业整体业务的拓展上，这种效益在企业层面是显性的，但对于原有的产品或产业部门是隐性的。

需求5，获利的必然是企业的业务拓展方面，能获得更大的发展机会，效益长期看是显性的，短期看是隐性的（创造了可能性）。但对于原有的产业部门，表面看起来是不利的，因为需要从已有的产业部门榨取利润，用来支持新产业的开发。

俗话说，谁的孩子谁抱走，谁的需求谁领走。技术开发成功后获利的一方，即该需求的主责方。

从上面的分析大家应该可以感受到，所谓的大研发体系管理的核心就是通过制度设计和文化认知建设，让企业内部的主责部门承担起自己应有的责任，明确技术开发需求，同时提升产业部门领导的责任感和主动性。

对于需求1，不需要太复杂的管理能力。

对于需求2，需要产业部门有外向型思维，能够时刻关注竞争对手的动态，制定相应的策略。

对于需求3，需求、思路、做法、判断标准，是对产业部门领导的考验。

需求4和需求5，主责部门都是在企业层面，往往需要企业最高领导者或董事会作出相应的判断和决策，而不是下面的现有产业部门。这部分需求在日常工作中由哪个部门或组织来负责收集和整理，各企业有各种不同的做法，但无非是战略部、战略委员会等来做，大多划到战略一类。明确需求4和需求5，是这个部门或组织的核心交付物。

至此，我们分析了整个研发体系的基石（需求）的核心作用，明确了不同需求的主要责任方。我们这里强调主要责任方，意味着其是牵头的，而不是让他们独立完成（闭门造车）。决策过程中，主要责任方可以听取各方的意见（尤其是研发组织和市场部的意见），做各种调研分析和讨论，但最终拍板负责的还应是主要责任方。[①]

---

① 研发组织的技术自由探索功能主责部门是谁呢？这个问题可以换个问法：研发单位是为谁做的自由探索？如果自由探索的领域是寻找新的业务领域，其天然服务对象是企业总部，则是由总部出资并授权的研发活动。如果自由探索的领域是已有产业部门的业务范围，对于一个稳定运行的产业或产品线，有那么多自由探索的空间吗？业务逻辑已经清晰明了的情况下，什么该做、什么不该做还不清楚吗？如果有，想必是决策链条上某个环节的缺失或失职，而不是需要研发组织越俎代庖。

基于上述讨论，我们可以得出结论，大研发体系建设的首要任务是：明确中短期技术需求制定的主要责任方为产业部门，明确中长期前沿技术需求制定的主要责任方为企业总部层面的战略组织或部门，明确这两类部门制定相应技术需求规划的标准和流程（记录在案的年度时间节点、任务和交付物）。

二、权怎么赋

前面提到，权就是对各种研发资源的使用权。这里需要强调资源是指广义的资源，即一切可以通过资金换取的资源，既包括设备、设施、场地、人才、已有成果、图纸等，也包括其他的资质类资源。

与责对应的是权，责是权之魂，权为责所用。主责部门确立了需求清单之后，自然而然就需要为自己的需求买单，做好相应的预算，资源使用权过渡给承担相应研发任务的组织或部门。

主责部门基于明确的需求清单，与通过筛选之后确定的相应研发组织之间要有明确的责、权交接，在赋予研发组织解决技术需求责任的同时，给予其相应的资源使用权（即研发资金），做到权责统一。

对于需求1、需求2、需求3，出资单位应是相应的产业部门。各产业部门在每年制定的需求清单中也要列制度化的安排，同步完成相应的资金预算研判并做列支，无合理预算列支的需求是假需求。基于合理的投资回报率核算，预算的额度应与需求所对应的业务价值相匹配，核算时需要同步计入项目的成功概率或试错成本。

同理，对于企业层面的战略性技术布局需求（需求4、需求5），应该由企业总部的预算覆盖。开展此类业务的企业，要在总部层面制定配套的需求研判机制和资源调拨机制（实操层面有具体的年度时间节点、地点、任务、责任人、交付物等细节）。

在实操层面，各企业往往没有专门负责技术相关战略的部门，同时技术与产业互动的长期趋势和布局又具有高度的专业性，需要对技术在行业内的发展趋势有长期的观察和深入的思考才能给出有价值的判断。因此，企业里的中央研究院（或前沿技术研究院等类似组织）往往被赋予了相应的职责。在这种情况下，中央研究院也必须建立起相应的信息收集、筛选、整合和决策的机制，以帮助企业更有效地承担技术战略布局的责任。相应地，企业发展探索技术长期战略的"权"也应该被赋予中央研究院，在实操层面大多体现为预拨给中央研究院自主支配的固定研发经费（包含人工费用）。

例如，GE的中央研究院经费构成中，有60%来自子分公司的横向经费，研发任务完全由子分公司下达，研究院的技术业务总监负责管理；30%属于前沿技术开发经费，资金由GE总部承担，但是研发任务需要跟有相关性的子分公司共同商定，研究院有决定性的话语权；10%属于战略性尖端技术探索经费，完全由研究院确定（有战略科学家群体和工作的机制流程），资金也自然而然由GE总部承担。

在GE的案例中，中央研究院的战略科学家群体和领导层承担了GE集团公司层面的技术战略部门的角色（权、责）。（GE的资金是全口径核算，以上的比例严格代表了包含人力资源的整体研发资源分配比例。）

关于显性效益与隐性效益，无论是显性效益还是隐性效益，最终都是企业的真金白银。但其中围绕显性效益类别的决策，逻辑链条浮在水面之上，只要认清上面所述的业务责任和决策逻辑，就能明白应如何操作。而隐性效益类别的需求，往往对企业相关人员的智慧和专业认知有一定的要求。因此，企业与企业之间的竞争，最大的差异也往往体现在隐性效益类的需求和研发决策上。至于总想不劳而获的企业或产业部门，慢慢会被社会淘汰。

企业是一个经济体，所有的支出大体分为两类，固定资产支出和费用支出。其中，固定资产支出适用一次性支出，按照折旧计提的方式入账；费用支出则是边用，边消耗，边全额入账。从这个维度来看，人员费用和材料消耗没有本质的不同，站在企业与研发单位管理的角度不应该区分二者。另外，研发过程中真正宝贵的是研发人员的时间消耗（本质是脑力消耗），而不是买实验材料的少量费用，这常常使得企业层面和研发组织内部宝贵的管理资源大量浪费。

在实际操作中，对于研发中最重要的也是占比最大的资源消耗（人力）

无意识，这直接导致了两种恶果：一是市场上大多数人对研发中真正起核心作用的人才价值缺乏尊重，很多人在潜意识里忽略了人的价值；二是在研发项目管理过程中，人力资源的量化管理长期处于畸形状态，导致各种奇葩操作发生。

放眼全球，有独立核算的经济主体，包括大型的民营企业，基本都能做到谁的事儿谁出钱，全口径核算（包括量化计量的人员费用消耗）。

三、利怎么分

研发项目自带探索属性，因此，在研发过程中必然会得到一系列的信息和基于信息形成的判断和结论。这一系列的结论连接起来，既可能会形成一份可落地的技术方案，也可能在某一个环节得到此路不通的结论，这些都是研发的成果。

在项目的执行过程中，必然会用到一些原本就存在的知识资产，这些资产或许是研发组织之前已拥有的知识资产，也或许是不相关第三方的知识资产。同时，通过项目的执行，也可能形成了一些新的知识资产。

"客户"（产业部门或企业总部）根据自身的技术需求定制开发研发项目，项目中形成的技术方案或者是项目失败得到的结论，其使用权天然归出资的"客户"，"客户"可以通过使用这些结论，做出业务上的合理决策。不管是成功还是失败的结论，都相当于是一个咨询的答案。而业务部门结合自身的技术需求要采取的下一步措施，就需要根据咨询的答案做决策。

如果在最终的技术方案中也会用到借用的已有知识资产，那么企业在以后的成果落地过程中，必须考虑购买这些知识资产的使用权（注意：不是产权）。

研发过程中形成的知识资产，其产权和使用权的归属取决于形成过程中哪部分的贡献大，如果研发单位自身的知识和经验积累贡献大，产权归研发单位；如果出资客户所对应的研发活动贡献大，则产权归出资方；无法清晰界定的一般可作为共有产权，或遵从双方的约定（注意：在一些欧美国家的法律体系中，知识资产的产权自动归发明人，需要一系列的法律权利让渡安排才能归属企业）。但是无论何种安排，出资人一般自动获得使用权，除非另有特殊约定（见图4-2）。

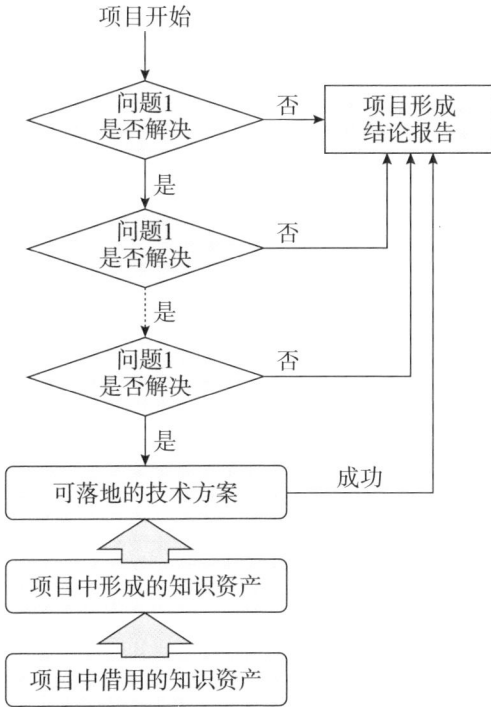

图4-2 研发过程中的知识资产归属

为了后面关于成果管理的讨论方便，我们假设所有的项目执行中产生的知识资产产权归属于出资人。

至此，出资方（即技术需求主责方）通过对研发和技术的投资，获得了一个可以落地实施的解决方案，研发组织完成了研发环节上的所有任务，并交接完毕，完成了整个过程的逻辑闭环。在此之后的业务活动纯粹属于投资和生产范畴。

从技术需求主责方的角度，为了成功进入生产运营环节，在技术开发环节的总投入包含整个研发项目的过程支出以及技术落地所必要的已有知识资产使用权的购买。因此，在前端需要做相应的准备（知识资产产权的购买属于投资性质，无关成果落地，这里不进行讨论）。

对于企业来说，经过一段时间的研发投入，必然会形成众多的知识资产，如何通过统筹安排，优化这些知识资产的所有权和使用权，最大化它们的价值，并减少管理成本和风险，是一门学问。很多企业，尤其是有众多法人实体、跨国运营的企业，往往在经历了惨痛的教训，交了不菲的学费之后才认识到统筹管理知识产权的重要性。

系统化、专业化的知识产权管理体系和理念的形成，标志着大研发体系建设完成逻辑闭环。

某跨国公司在业务扩张和全球化的过程中，一开始并没有刻意设计知识产权管理体系，任由各子分公司和法人实体在项目执行过程中自行决策和谈判他们投资的研发项目所形成知识资产的归属权和使用权。当公司的业务横跨多个国家与地区，拥有成百上千个法人实体之后，知识产权的使用逐渐演变成了一场噩梦。

第一，知识资产的定性和归属是法律概念，不同国家和地区的管理理念和模式不完全相同。

第二，各子分公司和法人实体对知识产权的管理能力和经验参差不齐，形成了很多短板和漏洞。

第三，作为一个集团公司，存在的价值就是资源共享，最大化共同收益，因此各子分公司拥有的知识产权在全集团的共享是必然趋势，但是势必造成各种交叉授权。

第四，每一次的知识产权授权行为，都会牵扯到授权双方的税务管理问题。上千家法人实体、几万个专利，所产生的交叉授权关系和潜在的税务合规风险无比巨大。

经过评估，公司重新设计了知识产权管理体系，拿出一大笔资金，把所有子分公司拥有的知识产权收购到总公司名下，再由总公司统一授权给需要使用的子分公司或法人实体。之后，在整个集团公司内部，所有新申请的知识产权都统一归属到总公司，极其特殊的情况须经总公司评估和批准，否则不允许有任何例外（见图4-3）。但是，与各子分公司业务相关的知识产权仍然要在集团公司内部的管理系统中做相应的管理权限标记，在各种评估和管理操作上赋予被标记的子分公司决定权（对外授权、转让、放弃或打官司等）。而法律层面的操作则全部由总公司完成，子分公司法人信息不体现在对外的任何文件上。

在这种管理结构之下，知识产权简洁明晰，法律关系边界清晰，风险完全在企业的掌控之下，而且节省了大量交叉授权带来的税务成本。

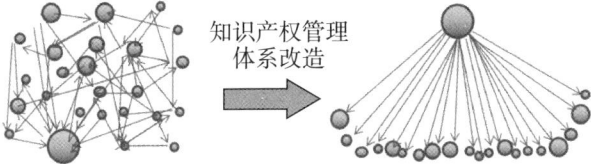

图4-3　知识产权管理体系改造

小研发体系

不同于大研发体系，小研发体系是由一个专职的研发组织来承载，因此，小研发体系的设计必须同步考虑组织结构设计，体系与组织互相成就，互相影响。图4-4是研发组织内部管理体系，分为三方面：管业务、管组织、管运营。

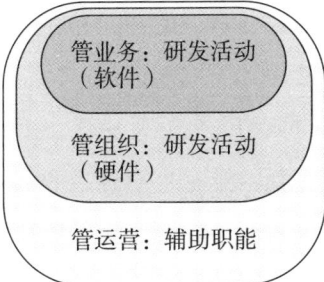

图4-4　研发组织内部管理体系

小研发体系的责、权、利体系建设主要体现在其业务（即研发活动）中，这部分既是研发组织区别于任何其他组织的关键所在，也是研发组织存在的基础。因此，研发体系的搭建就是研发业务管理体系的搭建，研发体系的管理就是指研发业务的管理，以及围绕研发业务特点对其他的辅助职能提出的配合要求。

下面我们重点介绍研发活动的责、权、利设计逻辑和管理逻辑。研发活动相对于生产活动，更加依赖人的品质和能动性。在生产部门中，生产主要依赖生产资料，人通过管理和操作生产资料完成生产活动。而在研发组织中，研发人员本身就是生产资料，其管理受研发活动特质的深度影响。在后面章节将介绍研发组织的研发人员管理。

对于运营辅助功能，如IT、财务、法律、后勤保障等，虽然需要考虑服务于研发组织的业务特殊性，但就这些职能本身，并不会因为服务于研发组织而改变其工作的内在逻辑。因此，我们讨论研发体系建设的时候，不会过多涉及这部分内容。

一、管业务：研发活动的权、责管理

小研发体系是研发组织内的责、权、利管理。因此，管业务就是围绕研发活动的责、权、利展开。

1. 权责的交接和分解

小研发体系的第一个环节是与大研发体系的责任（需求）交接机制，即产业部门的技术需求如何通过一系列的沟通和筛选决策机制，成为研发组织承接的有清晰和明确定义的一个个研发任务。

对接与沟通一定是通过人与人的互动完成，因此，大研发体系与小研发体系的责任交接机制内容包括：第一，明确产业部门和研发组织对接的具体负责人；第二，明确对接的过程、内容、交付物和年度时间节点，这些交付物的表现形式就是逐个精确定义的可承接问题（责）清单，以及每个问题对应的研发经费（权）安排。

我们暂且将负责研发组织与产业部门需求对接的带头人称为技术业务总

监。从研发组织承接研发任务到研发任务（从这里开始，我们可以称其为项目）开始，就启动了研发组织内部的责任切分和分包机制。

为了准确理解研发活动的责、权、利，我们首先要对企业研发活动的本质有准确的理解。

当产业部门有技术需求的时候，需求的表现形式是有技术问题（拦路虎）却没有对应的解决方案，导致产业部门无法做进一步的业务决策。这个问题既可以是一个很大的问题，比如航空母舰怎么设计；也可以是一个很小的问题，比如瓷砖的表面平整度怎么提高。产业部门把问题交给研发组织（连同研发经费），就是希望研发组织通过研发活动给出一个方案。考虑研发结果的先天不确定性，研发组织进行研发后，给出的结论可能是：问题按照技术指标要求解决不了；问题有能满足技术指标要求的解决方案，并提供方案。

研发组织需要为自己的结论负责。如果问题按照技术指标要求确实解决不了，那么产业部门就可以依据结论否决围绕这个技术需求的投资计划，把业务重点转向别的方向；如果有能满足指标要求的解决方案，意味着这项方案确实能满足初始定义的技术需求，那么生产部门就可以以这项技术方案为基础，做进一步的产业投资，形成产品，并产生经济效益。

技术业务总监需要把一个个定义清楚的问题，通过筛选机制交接给研发组织中有解决问题能力的研发专家，如果研发专家也同意承接该任务（责）和对应的研发资源（权：广义的资金调配权），并按流程完成录入管理系统，则一个研发项目就完成了定义和立项，该研发专家正式成为项目负责人。如果承接的是一个复杂的大问题，这位项目负责人还可以把这个大问题合理地拆解成一系列的小问题，再把这些小问题分配给其认为具备相应解决能力的小研发专家（项目课题负责人）。

拆解的一系列小问题往往由不同的人分别负责。这些小问题既可以是并列的，也可以是前后互相依赖的，这往往需要按照前后逻辑顺次解决。这个问题拆分的过程，就是一个拆责分责的过程。反过来，每位负责人通过得出自己研发任务的结论，累积成整个项目的结论，再回馈给交办的客户，就完成了整个研发任务的逻辑闭环。

2. 利的定义和管理

由以上讨论我们可以看出，整个研发活动的利就是研发的结论，能被客户拿去做决策和使用的结论。这个结论不等同于专利、文章、示范项目等，那些都是锦上添花的额外收获，或者是研发的资源。在这一点上，只有那些真正在市场上拼刺刀的产业部门会有更加深刻的认识。

对于那些以炫耀为目的的研发投入，领导们最喜欢看到的可能就是投入××亿元、规模××万吨的示范装置。为了避免出现花架子类的投入，有些问题必须回答，这么大的投入能说明什么问题？得出什么结论？投入是否有必要？是不是唯一的选项？……

3. 责、权、利的互动

在这个拆分问题、分责的过程中，必然伴随分权，即为了解决问题，相应的项目负责人或课题负责人，拥有支配研发资源、选择最佳验证方式和验证资源的权力。因此，我们一再强调，项目中的每名工程师都是一个权责主体，需要发挥自己的聪明才智和主观能动性，针对所负责的问题（责）用最快最有效的方式（权）得到可靠的结论（利）。研发能力的高低体现在以下两方面：第一，是否能保证自己负责的问题得出可靠的结论；第二，在得出可靠结论的前提下，能否以更高效的资源消耗得出结论。用通俗的话讲，如果结论是问题解决不了，那能否用最小的代价发现真相？如果问题最终能解决，能否用最短的路径、最少的研发资源找到解决方案？这两条是挑选项目负责人的标准（在这个大原则下可以细化成很多特征），也是项目负责人挑选项目组成员的标准。

注意，这里项目负责人经常犯的错误是把分责过程弄成了分活儿的过程。我们一再强调，研发活动（如做实验，查资料）的目的是得到研发结论（说明了什么问题），因此每名工程师在项目中的角色是认领需要解决的问题，而不是认领一堆的活儿（如做实验）。实验是手段，结论才是目的，而一旦手段与目的颠倒（或者不知道目的是什么），干活儿本身就变成了衡量标准，无论对项目还是对个人，都会产生极大的资源浪费，甚至导致项目延迟或失败（资源总是有限的）。

基于权责对等的原则，项目负责人有权根据项目需求，挑选合适的工程师，同时给予所选工程师合适的细分权责。从这里可以看出，研发组织里的工程师本质上是一个个资源。这些资源要想发挥最大的作用，就必须按照项目的需求来匹配，即项目需求决定人员组成。

4.研发业务（软件）与研发组织（硬件）的互动关系

研发工程师作为一种研发资源，需要保持高度流动性。流动性越高的资源，其发挥作用的效率就越高。但是，研发组织中的研发工程师被划分成一个个更小的组织单元，是一个天然的稳定结构。组织的稳定性与研发活动对资源流动性的要求存在天然矛盾。

这就需要对组织里工程师的属性和资源的属性做分割处理。工程师只有花在研发任务上的时间和精力才是研发的资源，自然属性的人本身并不是研发资源。这种划分类似于资产的归属权和使用权，归属权是一个整体，是固定的；而使用权是可以分割调配的，是灵活的。表4-1是对研发的三种核心要素的比较。

表4-1	研发的三种核心要素比较	
项目需求	人的资源属性	人的资产属性
研发任务	研发时间	组织身份
解决不确定性	高流动性，可调配	稳定，不易变动

项目内部的管理核心就是对这三种研发要素的合理匹配。这里需要明确一点，研发组织的核心责任是解决技术需求，因此，资源的调配必须以项目需求为核心来完成。而研发组织的内部管理机制的设计，就是要反映研发项目需求的核心地位和围绕项目需求的研发资源调配机制，从而实现项目责权的统一。

对于这三种研发要素关系的深刻认知是制定研发组织内部项目管理机制的基石。研发项目管理是分责的过程，人员的组织关系属于资产产权的性质。项目负责人对研发人员的调配，类似资产使用权的购买。

5.项目的跟踪评估机制

项目组毕竟是由人组成，一旦设立，就会产生一直向前的执行惯性，甚至脱离它作为获取结论的手段的定位，向组织化方向演进。因此，研发组织必须有专人负责、有刚性的定期项目评估机制，对项目继续的必要性和内容的合理性随时做出必要的判断和终止决策，以制衡项目组天然的组织化倾向，防止研发资源失去流动性。

关于项目的日常管理，绝不应该忽视项目的探索本质，技术业务总监应时时关注项目目标结论的有效性。大部分项目管理是定期跟踪项目的进度，了解任务完成的情况。项目评审是根据项目计划来评估项目团队的执行情况，如项目碰到问题，会从研发组织层面协调资源予以支持。项目管理和评估的隐含目的是及时决策：一旦有支撑信息证明预期的结论为否，项目应该随时被终止以节约研发资源。

目前研发项目管理一个很大的误区是假设研发项目肯定能成功，这背离了研发的本质。项目管理普遍是以检查干活儿为导向，而不是以检查结论为导向，即项目一旦立项，就必须按计划完成所有的规定动作和任务。如果是工程类项目，这种做法可行，因为执行力就是省钱，只要执行好就一定能成功。但是对于探索性质的研发项目要遵循研发的探索本质。不能要求项目组必须完成所有规定动作，同时寻找最优的验证路径来判断项目成功的可能性。

二、管组织：管理人的职业需求

从业务本质上说，研发组织里的工程师作为一个整体是为项目服务的资源池。如果类比生产单位的话，研发工程师相当于工厂里的生产线，而研发的成果就相当于生产线生产的产品。从这个角度，生产线都是为产品服务的。

一方面，工程师是有主观能动性、自我管理的"生产线"，因此，工程师群体完成研发任务、为企业创造价值的过程，也是成就自己的职业生涯、实现自我价值的过程。另一方面，他们是能学习的"生产线"，随着一个个研发任务的执行和反馈,产生不断自我总结、自我学习和自我提升的需求。

从企业的视角看工程师管理,服务于项目需要、人员的利用价值最大化是主要目的。工程师获得经验、反馈、能力、成长,变得更有价值,从资源增值和储备的角度来讲是手段。

从工程师的个人视角看,通过项目的执行,获得经验、知识、能力、认可和回报才是目的,把项目做好为企业创造价值是实现自我价值的手段。

两个视角从过程上看是一致的,但是在做选择时是不一致的。因此,对于研发组织里工程师的管理,要平衡好企业目的与个人目的之间的关系。

研发组织内部部门的设立,往往是基于人员管理和成长的需要。既需要负责工程师的招聘、培训、辅导、考核等工作,同时还需要为研发组织发展培养人才梯队,助力管理体系成功搭建。

从项目的角度,组织越扁平越好,这样有利于资源的流动和调配。

但从人员和组织发展的角度,组织只有结构化,才能形成一个有机的整体,保持组织发展的稳定性和长期性,同时为战略性决策奠定组织基础。

研发组织作为一个组织,也是有生命、有生存意识(由内部各部门的生存意识叠加组成)的。如果所有的决定和流程都只是有利于项目,有利于企业,而研发组织自身的利益和长远发展却得不到保证,研发组织发展受到制约,则会影响企业的研发能力和创新能力。

如何能平衡好个人、部门、组织的长期发展诉求与项目的阶段性、具体性、灵活性的诉求,有许多不同的做法和管理技巧,如矩阵式管理、内部创业制、自由组队揭榜挂帅、赛马制、重点攻关等,都是在项目需要和人员管理之间寻找平衡,没有包打天下的完美方式。研发组织的管理者和研发体系的设计者,需要对项目管理和人员管理之间的差异和关系有深刻的理解,才能做到因地制宜,灵活举措。如果混淆了管项目与管组织,甚至以管组织的方式管项目,最终一定异化成因人设事,即因为组织中有某技术领域专家,所以就要设立该技术领域的项目,最终的结果是整个研发体系效率的大幅下降。

归纳第二部分的讨论,小研发体系的搭建由这几方面构成:一是技术需求的责、权、利的承接分包机制；二是研发资源（人员）的归属和调用机制；三是研发项目的全生命周期评估管理机制；四是如何把项目的利与组织和个人的利合理地结合起来以高效调动人的积极性，即考核机制。

小　结

整个研发体系的建设归根结底是对研发决策和研发执行过程中责、权、利的深刻理解，并基于责、权、利协调一致的原则，设计研发组织的所有相关管理机制和流程，包括企业层面研发组织与其他业务部门之间的责、权、利协调机制，以及研发组织内部围绕研发活动本身的责、权、利划分与协调。

一、大研发体系的搭建

负责搭建大研发体系的是企业科技创新的主管领导（即前文提到的发起筹建研发组织的1号种子），即把科技体系与整个企业的运营融为一体的人。如果一家企业不大，业务相对单一，那么企业的总经理就是科技创新的主管领导；如果企业业务构成复杂且体量庞大，那么就有可能有一个专职的主管领导。

主管领导必须能深刻理解科技创新是企业的一个功能，而不是一个独立存在的业务。研发部门负责探索，厘清风险，提供方案和选项，然后由产业部门结合研发部门的结果和业务上的非技术因素，制订投资和业务计划，从而实现企业效益的提升。在这里必须强调，科技创新是为产业服务的，是替产业部门解决当前问题或探索未来道路的，但路要产业部门自己走，企业的效益也必须由产业活动实现。

产业部门作为这个链条上的甲方，必须负责为乙方（研发部门）提供产业发展方向的指示。如果产业部门在这方面没有合格的知识储备和战略思考，就必然会出现误指方向或要求研发部门自己定方向的现象。造成的后果就是研发部门出了一堆成果，产业部门却没法落地。所以，如何把业务部门打造成研发创新链条上合格的甲方是企业科技创新主管领导的重要职责。如果主管领导认为自己就是要把研发队伍管理好，那就是把自己降格为研发组织的负责人了。所以当一家企业的领导追问研发部门的直接经济效益时，企业的整个创新体系，尤其是产业部门的创新职能一定出现了问题！

因此，作为企业科技创新的负责人，提高企业（注意，不是研发部门）的创新效率、创造更多的经济价值是核心责任，需要在工作中紧紧抓住产业部门这个创新链条的龙头。如果产业部门在创新战略的实施上有任何闪失，造成的后果都是不可弥补的。

那么，企业科技创新的负责人在主抓产业部门创新职能时需要注意什么？

一是深刻理解产业部门在科技创新中的头尾作用。产业部门是创新需求的提出者，不受产业部门认可的创新活动是无源之水，无本之木。所有的创新成果要由产业部门（全套商业功能）来实施，如果一个成果没有一个对应的产业部门，必然无法为企业创造价值。技术转让/许可也是通过广义上的"产业部门"（技术受让方）产生效益。

二是对产业部门实施正确的考核和激励手段，促使他们发挥创新龙头和龙尾的作用。作为龙头，要考核他们是否有高效的需求收集和筛选机制，提出的研发目标是否契合业务发展战略，是否了解市场和竞争对手的前瞻布局，是否有效利用企业内外的创新力量。作为龙尾，要考核产业部门是否有成熟稳定的研发成果评估和接收机制，是否了解新技术新产品的生产推广规律，相应的队伍是否完善。

科技创新体系建设有以下常见误区：

一是认为创新是研发部门的事，导致产业部门在创新链条上缺位，整个体系无法发挥作用，体系运作难以持续。

二是考核指标错位。比如把产业部门当成创新活动的主体，用考核研发部门的指标考核产业部门；比如考核产业部门的知识产权数量（专利数），导致产业部门与研发队伍争抢知识产权的冠名或名义归属（实际都应该归属企业）；或者走另一个极端，用直接的经济指标考核研发部门，导致研发部门热衷于自立门户，开展生产销售业务，对服务本企业的产业部门不积极不热心，甚至把产业部门当成竞争对手。

三是做不到结合本企业所在的行业特点，盲目与其他行业内的企业攀比对标。一家企业所在行业的发展周期一般符合图4-5所示曲线。在不同的发展阶段，技术演进的特点和作用不同，企业需要采取不同的风险和投资评估机制，技术发展会略早于行业发展。在早期，技术/行业前景高度不确定，需要多点布局，小心试探，积极求证，避免冒进。中期，技术/行业爆发，行动慢是最大的风险。后期，技术/行业走向成熟，需求和回报相对明确，但难以形成高回报的投资机会，这时要避免掉入舒适区陷阱，故步自封，忽视新技术、新业务模式的产生。

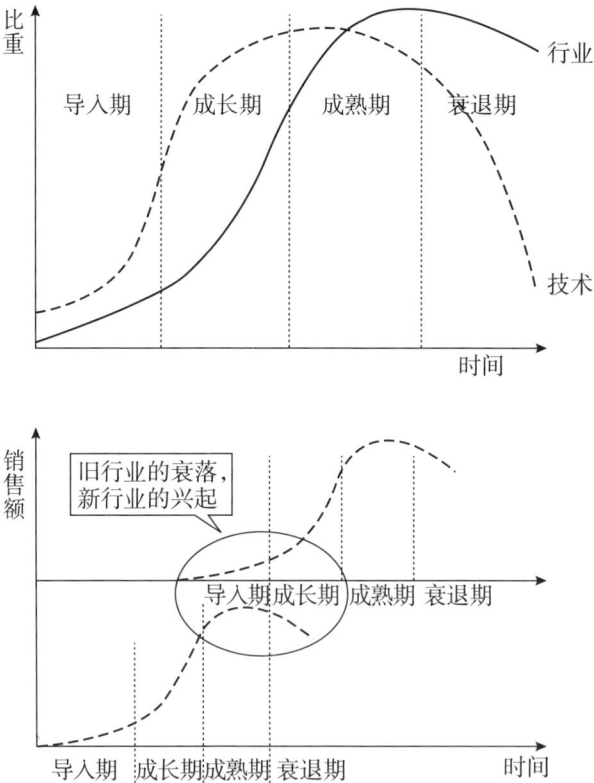

图4-5 行业发展周期

二、小研发体系的搭建

负责搭建小研发体系的是研发组织的负责人（即发起筹建研发组织的2号种子），必须对研发的内在逻辑有深刻的洞见（不能只是有很多经验而已）。既要基于研发活动的特质搭建合理的小研发体系，包括搭建合理的组织架构（分责）、设计合理的管理流程（分权）以及高效的奖惩机制（分利），还要完成与大研发体系对接，与企业其他部门形成融为一体的合作机制。最后，研发组织的负责人还必须深刻理解人性！这个社会毕竟是人的社会，要想管理好一个由人构成的组织，对人的认识必须深刻、精准。

图4-6是研发组织负责人的能力模型。

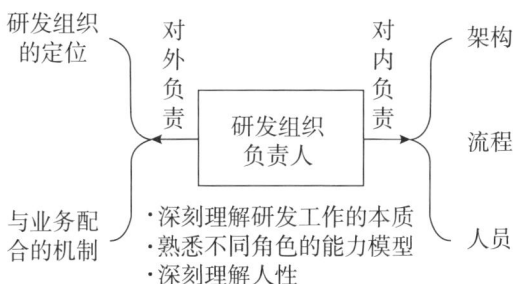

图4-6　研发组织负责人的能力模型

第一，研发组织负责人必须对人性有深刻的理解。工作安排如果符合人性，就很容易开展；如果违背人性就会寸步难行。当组织的职责和流程设定或工作安排出现问题的时候，组织负责人要能迅速分析是否由人性的因素造成，如果是，则必须首先解决和改变。

第二，研发组织负责人必须对自己组织里每个角色的能力模型有准确的认知，这样在安排人员时才能判断其是否具备胜任这个角色的能力、潜在的弱项是什么。同时，组织负责人对组织的弱点要有准确的判断和预估，知道从哪些角度出发能做到事半功倍。

第五章

技术成熟度在研发中的
基础性作用

CHAPTER 5

在研发管理中，有众多的困惑与技术成熟度相关，以下是一些相关的典型问题：

（1）模仿创新容易，原始创新为什么难？

（2）如何定义和区分原始创新、卡脖子技术、基础研究、核心技术、共性关键技术？

（3）基础研究如何正确地发挥作用？

（4）为什么技术研发团队和产业化团队总是互相指责？

（5）基础研究与客户的声音如何兼顾？

（6）如何正确预估项目的开发周期？

（7）如何正确为项目配备资源（人力、资金、物资）？

（8）如何正确定义一个基础研究项目？

（9）为什么没有成熟的产品开发和工程化团队的前沿技术开发就注定失败？

（10）砸钱能提高研发的成功率吗？

总　论

研发团队提出一项技术方案时，企业领导者会下意识关注两个问题：一是有什么用；二是多久能做成。

有什么用的潜台词是：解决谁的问题？能卖多少钱？

多久能做成的潜台词是：花多少钱才能做出能在市场上销售的产品？

这两个问题的答案合在一起就是ROI。对于任何一家企业的投资决策，ROI几乎是唯一的考量，其他各种需要考量的因素最终也大多通过影响ROI来体现。

回报与企业的业务模式和运营息息相关，可以来自节约成本、节能降耗，可以来自优化供应链、减少库存，可以来自满足客户特殊需求的价格提升，也可以来自提升企业形象、降低营销宣传成本和提升市场份额。如何确定和量化市场机会和对应的经济回报，有大量的工具、技巧可以使用，读者可以自行搜索和学习，这里就不展开论述了。

花费（投资）则与所提方案的实施难度相关，只要能准确评估实施难度，就可以大致评估所需要的投入强度。问题是如何评判一项技术方案的难度？有没有规律和标准可循？在操作层面，社会上普遍认为这时候需要老专家，因为老专家经验多，能根据多年的经验判断技术方案的实施难度。

那么老专家又是如何判断的？经验是如何总结出来的？如何判断老专家说得对不对？如果几个专家说得不一致，到底该听谁的？张专家说方案难度挺大；李专家却说有核心技术；王专家又说要做基础研究，没有基础研究发展没有后劲儿，做不做？要做的话，研究什么基础问题？

所有这些问题汇总在一起就是：技术难度到底应该如何判断？有没有客观标准？没有老专家的情况下就不能做研发了吗？

TRL（技术成熟度）可以解决。

TRL最早由NASA（美国航空航天局）提出，用以对武器和航天器开发过程中所要用到的技术研发进行阶段性分级，通过分级确定该技术离实际运用还有多远。

NASA的技术应用背景决定了他们的技术开发并不以商业量产为目的，因此对于TRL各级的定义并不完全适用于企业。因此，我们根据企业的研发实践，在总结了大量研发项目任务特征的基础上，重新定义了TRL的9个等级和对应的核心研发问题，下面从TRL9开始做详细介绍。

TRL9——应用创新

所有事情的判断都应该以终为始，TRL也不例外。我们首先需要考虑，一项技术完全成熟应该是什么标准。既然企业研发技术最终是为了商业销售，那么我们就把最终形成稳定的商业销售作为TRL的最后一级，借用NASA的定级命名，定义为TRL9通过。

所以商业销售的产品或技术需要具备哪些特征呢？第一，客户稳定。有持续不断的客户购买行为，产品性能符合客户预期，生产企业产生稳定的收益。第二，产品生产稳定。有成熟、稳定的生产技术和生产工艺，供应链顺利运转，产品质量、性能、成本稳定可控。第三，商业模式定型。有稳定的售前、售后运行方式。

对于企业家来说，如果想要做一些稍微有技术含量的事情，但又不想冒任何风险，最简单的操作就是看看自己已有的产品是不是可以卖给传统客户以外的客群。这时候所要做的研发就是应用研发，在一个个新的应用场景下测试自家产品的适应性和应用方式，在生产端不需要做任何改动和投资。

这类创新更多情况下是由客户发起，尤其是民用领域，而厂家更多的是复制传播。比如厂家推向市场的某种新炊具的新用法往往是由消费者试出来的，厂家更多的是发现、总结、传播（当然厂家自己也会开发一些应用场景）。这方面典型的例子比如微波炉，时至今日，用户还在不断发现微波炉的新玩法，从热牛奶、化冻，到烤红薯、做鸡蛋羹，再到炒豆子、瓜子，做爆米花等。

在工业领域，应用创新既有以客户为主来完成的（尤其是材料和零部件的新应用），也有相当比例由厂家自己来完成的（如生产泵的企业，主要性能用水在常温常压下标称，但是也会把一个新型号的泵在各种客户现场做各种不同介质、不同压力和环境下的应用测试）。这在材料行业是非常常规的一类研发活动，陶氏、巴斯夫、杜邦每推出一种新的材料（或材料改进），都会进行各种材料应用方案的开发，目的是向潜在客户验证自家的材料，并说服他们购买。

其中比较极端的例子是，某大型聚碳酸酯（PC）生产企业曾投入大量的研发资源，帮助开发聚碳酸酯材料在光碟生产上的应用（之前光碟大多用PMMA聚甲基丙烯酸甲酯生产），最终聚碳酸酯材料光碟一统天下，而这家企业并不做光碟业务，仅仅是为了卖出更多的聚碳酸酯。

这类研发创新的特点是，所有的创新都发生在产品出厂之后。但是任何一个全新的应用在验证之前，对于所对应的特定客户群体来说，技术就不能算完全成熟，属于未通过TRL9。对于这类研发，我们称之为TRL9级别的研发，目的是达到（或通过）TRL9。

TRL9级别的研发是最为常见的研发创新活动，很多人并不一定意识到它的存在。对于一些复杂的应用场景，TRL9级别的应用研发甚至是一类企业生存的基础，比如各种设计院，各种EPC（设计、采纳、施工总承包）类的工程总包公司，里面有大量的工程技术人员从事此类工作。从商业决策的角度，TRL9级别的研发往往机会非常明确，所需要完成的事项和资源也相对明确，脑子稍微活络一些的企业都不会放过这种机会。但是从客观的角度，这种研发需要大量的应用场景来验证，企业只有业务机会多，才可能产生更多的应用创新机会。

过去20年，由于中国市场的容量大、产业链齐全，产生了天量的应用创新机会，自然而然产生了天量的应用创新。但从技术难度而言，TRL9一级的创新属于最简单、技术难度最小和风险最小的一类创新。

TRL9级别研发活动关键词：产品无改动。

TRL8——设计优化

在企业日常完成TRL9一级的应用创新探索过程中，逐渐会发现一些客户的需求不能简单通过调整原有产品的应用方式来满足，而是需要对产品的一些特征或性能做简单的调整。这类调整往往并不需要改变产品的主体设计，也不需要重新设计生产工艺或生产线，只是在原有设计上做调整，并对生产线做相应的简单调整或改造就可完成。这类工作往往是设计指标的调整、零部件的更换、外观的改变、材质的替换或者某些零件在功能和原理不变的前提下的重新设计和采购等。

例如，国内某洗衣机厂商发现某地销售的洗衣机维修率奇高，经过调查发现，该地区的很多洗衣机被农民买去洗地瓜（TRL9一级的创新），虽然效果很好，但是由于泥沙大，就很容易将排水孔堵住。于是设计人员针对这一应用，重新设计了洗衣机，大幅度调整了水孔和管路的尺寸及一些类似的参数，效果非常好，产品十分畅销。

在这个过程中，需要企业有技术能力针对客户在应用中碰到的问题做技术分析并能找到问题的症结所在。同时，这类问题症结能通过产品参数的重新设计得到解决（需要有设计团队存在），根据新的设计，生产部门需要调整生产线，这要求厂家应当具备简单改造和调整生产线的技术能力。

这类技术创新的核心特征是在原有的产品生产工艺及流程的基础上做调整。我们把这类创新和对应的技术研发活动难度级别定义在TRL8，这一难度级别的研发活动过关的特征是生产过程完全定型并稳定。我国特有的实用新型专利往往就是TRL8难度级别的研发活动的产物。

从定义也可以看出，这一级别的研发创新需要生产部门和设计部门共同完成，所需要的技术人员能力和种类增加，难度上升了一个等级。这类研发创新的实际难度又因行业的不同而不同，对于高度技术密集型的高科技产业，由于产品本身高度复杂，各种功能和参数相互制约和影响，即使是TRL8一级的创新，对团队和人员的要求也可能非常苛刻，如光刻机、燃气轮机、发动机、芯片等。

这类研发创新不需要做任何技术原理的改动和调整，完全在产品原有的技术方案范畴内做调整，但是需要对产品原有的技术方案充分了解并吃透，才能具备重新设计和调整的能力。我们耳熟能详的"引进、消化、吸收和优化"往往就是这类TRL8级别的技术创新。这类研发创新，技术本身没有任何风险。只要技术团队认真学习，一定学得会。随着中国的产业升级，我们口中的"引进、消化、吸收"也从简单的彩电、洗衣机、水泵、电机等向蒸汽机、发动机、电脑、芯片、高铁整车、大飞机等高端和复杂领域演进。

TRL8级别研发活动关键词：产品有改动，生产线无改动。

TRL7——新设计、新功能

在企业挖掘客户需求的过程中，如果客户对产品提出了一个全新的功能要求，或者需要产品原有功能大幅度提升，导致现有的产品无法通过调整和优化来实现，需要一个全新的产品。这时候，就需要研发团队深入分析新的产品功能，探索和评估该产品功能的实现方式。如果该新产品功能可以通过引入全新性能或原理的零部件、利用新的工作原理设计一款新产品的方式实现，那么我们可以将所对应的研发活动定义为TRL7级别的技术开发。

该级别研发活动的典型特征是，产品没有成熟的生产工艺，如果产品设计出来且样机通过了性能验证的话，还需要设计全新的生产工艺和流程；另外，该产品设计所需要的所有底层技术或所有零部件技术全部已经验证且成本已知，研发活动就是把产品的整体性能要求分解到各个零部件的性能要求，同时确保设计的可靠性和稳定性且成本在预期范围内。

TRL7通过的标志是产品样机在模拟客户应用场景中测试过关、成本评估符合预期、生产工艺方案确定。从TRL7的研发任务中所获取的信息应该足以支撑投资建厂生产的决策。换句话说，如果在业务领导决策是否要建新厂（或新生产线）的过程中所需要的任何关键信息缺失，则都意味着TRL7级别的研发任务没有完成，这里面包括客户的购买意向、购买方式、价格、销量、预估利润率等信息，这些都是研发创新继续向前所必需的。

TRL7级别研发活动关键词：全新产品，全新生产线，使用已经验证的技术。

TRL6——新原理到新设计

在试图完成TRL7级别难度的研发创新过程中，如果在通过整体设计实现新功能或指标的过程中，所需要的某一个（或某几个）子系统或零部件的技术没有成熟应用，或者该子系统的已有成熟应用所对应的性能完全不在要求的范围之内，那么就需要更深一层的创新——TRL6。此时，需要对子系统（或子系统内的关键部分）进行重新优化，重新确定子系统的设计方案，而且需要测试该方案才能确定是否能满足要求。

如果基于已有的信息和知识，不能确定该子系统经过优化以后能否满足客户需求或预期设计指标，则不排除需要根据方案的测试和优化结果重新和客户沟通，调整客户需求指标。但是该优化过程所基于的所有技术原理本身都必须已经经过验证并确认可行，而且各项技术指标根据设计方案推演，有相当大的概率可以或基本可以达到（包括制造技术和成本目标），预想的生产过程中也不涉及全新生产技术的开发，所有步骤都有经过验证了的生产技术来实现，最重要的是预估的生产成本符合预期①。

因此，在TRL6这一阶段的研发任务中，所要求的已经经过原理验证的技术既可以是一个刚刚经过原理验证的技术（不确定性大，未知风险较高），也可以是一个在别处使用过，但不确定在这个产品方案中是否适用的已有技术（未知风险较小）。

为了确认性能可以达到客户预期，而且最终成本符合预期，对这些新采用的技术原理往往要做大量的优化设计和验证实验，要确认所有的技术指标都能落在所需要的范围内。对于所有的设计参数，要验证设计边界，因为任何一个参数的弹性范围都有可能决定生产过程的弹性，比如成品率，以及对应的生产（含零部件采购）成本。从研发过程来讲，TRL6阶段所要开展的研发任务往往耗时长，人力资源和物质资源消耗最多。

团队的研发经验也往往在这一阶段能发挥最大的作用。如果团队在整机设计和研发上经验充足，就可以根据经验，判断哪里是常见的风险点、最大的不确定性在哪个关键环节，可以有针对性地简化验证和优化实验，聚焦在关键风险点和关键环节上。对于其他部分可以简单处理，节省研发资源，大幅缩短研发时间和减少花费。同时，由于聚焦关键部分，将来出现意外失效的概率也会大为降低，提高研发的成功率。

这也是为什么TRL6的工作必须由有经验的产品设计团队或工程化团队来主导完成，而不能由没有产品开发经验的基础研发部门或原始创新团队来主导，更不能由大学或科学院类型的团队来完成。这也说明了希望开展原始创

---

① 这里的符合预期是一个判断，而不是一成不变的刻板标准，如果面对的是非常急迫、不惜一切代价的客户，那么预期的成本值可以很高，因为客户预期能支付的价格可以非常高；如果是非常吝啬的客户，即使预估成本已经非常低了，但还是有可能过不了关，因为潜在的售价很低，所谓的成本预期也非常低。所以TRL里面的"成熟"并不是一个单纯的技术问题。

新的企业，必须先有经验丰富的工程技术团队（或产品开发团队），坚决不能好高骛远，在没有设计和工程化基础的时候直接成立前沿研究院。换个角度讲，一家企业的前沿研究院（或部门）必须依靠并充分发挥开发或工程化部门及团队的作用，才能顺利完成技术成果的产业化和商业化过程。

TRL6是前沿研发团队与工程技术团队工作交接的阶段，如果双方对于自身和对方的作用与定位没有清晰的认知，就容易在研发任务交接的过程中出现工作安排不科学、不合理，导致工作断层，产生技术进展的"死亡谷"；也容易导致团队无法高效配合完成项目推进，出现相互指责的情况。

TRL6级别研发活动关键词：确认产品成本，确认参数边界。

TRL5——性能与成本预估

在开展TRL6阶段的研发工作时，如果发现已有或已知经过验证的技术无论如何优化也达不到客户的性能指标要求，或者说虽然性能达到了要求，但是无论如何改进和优化，成本都无法低于预期值，却又确实有足够吸引人的商业机会，那么就值得冒险尝试新的技术原理。这个潜在的新技术原理要有可能支撑一个全新的设计或技术方案，大幅度改善性能或成本构成。这时候就可能需要进入成熟度更低一级的研发活动TRL5。

如果所要尝试的新技术的科学原理已经在实验室环境下得到验证，而且验证的实验室条件可以代表工艺应用场景的典型关键条件，其在实验室里所展现的关键指标被应用于目标系统设计中时，目标系统就有可能满足客户的所有指标和要求。如果符合这些特征，那么这项技术方案就还处在TRL5阶段。

这时候，整个系统的设计将会跟原来完全不同（或者没有可参考的技术方案）。虽然各性能间的关系可以在全新系统设计下推演出来，但最终性能能否达到、成本是否大致可控并不能完全确定。

TRL5阶段的研发工作有两个核心任务：

一是性能。在全新的系统设计方案框架内，将最终的客户性能指标通过

CTQ Flowdown（功能指标下展工具）拆解到每个子系统和关键部件，尤其是将要使用全新技术的部分，建立主功能与子功能、孙功能、孙孙功能之间的逻辑和量化关系，确认该新技术的已经验证的指标参数通过CTQ Flowdown逻辑工具的推演，则可以证明这个全新系统设计有很大满足客户最终性能要求的可能。

二是成本。基于上述的系统设计和各子系统以及孙系统之间的运行关系，建立基于客户最终要求的成本模型，该技术方案应该在客户的应用场景下可以解决客户的问题，而且从经济上对客户是有利的。要在设计和技术验证的前端对参数做出正确的判断和选择，一个正确可信的成本模型是核心和关键。例如，开发一款全新的CT机，可能机器本身的成本增加了1倍，但是新技术可以把扫描速度提升4倍，而且机器的寿命延长了，那么对于客户来说，单次扫描的成本反而降低了50%。或者说在每天同样次数的扫描任务要求下，原来需要采购4台CT机才能完成的任务，只需要1台新机器就能完成，虽然单价高了1倍，但采购总成本反而下降了50%。

关于CTQ Flowdown的设计评估工具用法，读者可以自行搜索相关文献或书籍来学习。在六西格玛的培训中，CTQ Flowdown是核心工具之一。

关于成本模型的重要性、作用以及注意事项，读者可以参考其他章节来学习。

基于一个原理和核心指标在实验室经过验证的技术，在针对具体应用建立功能下发展关系和成本模型的过程中，所缺失的所有参数之间的量化关系，都需要通过TRL5阶段的研发活动来收集（可以是简单实验、功能验证机、文献调研、专家咨询、现场勘测、数据模拟等）。一般情形下所看到的典型工作往往是搭建一个简化版的实验室简单功能机，验证性能可达到。

TRL5阶段通过的标志是确认最终的客户性能要求可能达到，同时成本模型推演确认成本大概率会符合预期。

产品寿命这个指标往往是影响成本的最关键单一因素，但是影响的程度在没有成本模型之前难以量化。所有零部件（或子系统）的寿命对系统的寿命影响有累加的效果，往往在早期研发中容易被忽略。因此，TRL5阶段中对各种影响寿命指标的确认工作会占研发工作很大的比重。在关键性能指标达标后，以为项目进入TRL5阶段，然而经过系统评估后，往往发现产品寿命离预期太远，导致成本大幅度上升，从而导致研发工作回到TRL4阶段。

TRL5级别研发活动关键词：性能和成本有可能达到预期，确认关键参数中值。

TRL4——验证核心性能指标

通过TRL5阶段的CTQ Flowdown和成本模型评估，如果采用了新技术之后，性能仍然与客户要求有相当的差距或成本完全超出预期，那么就需要重新挖掘所采用的新技术或其他子系统的技术潜力，寻找通过大幅度改进某个或多个关键子系统性能的方式来达到设计目标。这类对子系统或关键技术点重新提出的更高要求，可能需要全新的技术突破，能否成功完全取决于技术本身的客观逻辑。

研发团队只能基于自身对所在技术领域的理解，大胆假设，不断尝试假设是否成立，寻找突破点。这类工作专业性极强，往往需要在具体的技术点上有多年经验并熟悉该技术领域全球研发前沿的专家来牵头完成。如果所期望的技术突破经评估不可能在可接受的资源投入内实现，则应果断放弃该技术路线。

这里需要注意的是，我们强调的评估是基于所有可能得到的信息的评估，需要深入地思考和推理，信息的全面加工和整合能力至关重要。实验验证信息只是获取信息的手段之一，并非必需，技术突破绝不是做实验发现好结果。虽然各种判断最终是要用实验去验证，但是验证什么、怎么验证、以什么方式、验证到什么程度是一个高度复杂的技术逻辑推断过程，需要的绝不仅仅是专业知识，更需要深入的思考和技术推演。这些技术思考和推演才是研发的核心，实验只是简单的外延。

一般来讲，牵头TRL4阶段研发工作的应该是熟悉行业动态与技术发展前沿的资深专家，当然，具体的体力工作（比如做实验）可以由其他经验不足的团队成员在专家的指导下完成。博士毕业 5 年内的研发人员，一般很难单独胜任 TRL4 阶段的研发任务。不排除有天才，但是企业管理不应该赌博。

TRL4 阶段研发工作的难度还在于：即便团队和专家做对了所有事情，最终也可能只是证明此路不通。

鉴于这类专业人才和专家的高度稀缺性，以及技术突破的高度不确定性，绝大部分企业在没有相当长的行业积累之前，不建议开展此类研发工作。TRL4 级别的研发是行业头部企业的标配。

TRL4 阶段研发工作过关的标志是：所要求的少数核心关键指标（转化率，材料的强度、韧性，关键"部件"寿命等）经过验证可以达到。其中，最难的部分是确定什么指标是最核心的关键指标。因此，在实操层面，这种达到分两个阶段（以为达到和确认达到）。在刚开始确定关键指标参数的时候，是基于资深专家的判断，识别出关键指标是什么，该指标需要达到什么值才有可能解决客户的问题。在第一阶段的研发探索过程中，是以这个预想的目标值为核心开展工作，一旦预想的目标值达到，我们会以为 TRL4 阶段通过，进入 TRL5 阶段的工作，开始搭建成本模型和性能模型。

经过 TRL5 阶段工作的深入展开，往往会发现原先预想的目标指标设置不够准确，需要根据模拟的性能和成本做进一步调整，既可能是调整原有的关键指标，也可能是调整模拟过程中新发现的关键指标，多数情况下与寿命相关。总之，成本和性能模型告诉我们有些关键指标还得继续探索和改进，于是研发工作回到 TRL4 阶段，重新针对新确定的关键指标展开探索工作。当经过反复改进之后关键指标达到，才是真正的 TRL4 阶段过关。

TRL4 级别研发活动关键词：识别并达到核心关键指标。

TRL1～TRL3——发现

TRL1～TRL3 属于学术发现领域。无论企业规模多么庞大或行业地位多高，如果研发项目的技术难度下探到 TRL4 还不能解决问题，都不应该再向下迈进。很大一部分原因是 TRL1~TRL3 的研究往往需要非常特殊的设备设施和特殊专业背景的高端人才，几乎没有任何企业的业务需求能支撑如此大的投入，尤其是叠加考虑成功概率后。所有TRL3及以下级别的研发都对应的是一个新产业的诞生。如果一家企业立志要开创一个新产业，须认真提前计划好成本和将要付出的代价。

企业只有在一种情况下会出现TRL3及以下级别的创新。某家企业有天量的研发创新活动，支撑了相当数量的TRL4级别的研发，多年来积累了相当的硬件条件和资深专家队伍，在这种情况下，个别专家有可能在日常的TRL4一类的研发工作中偶然发现一些TRL2或TRL3级别的新原理，从而结合企业的业务顺利聚焦到TRL4级别的工作上。

这种体量的企业有深厚的技术创新文化和大量的创新资源，倒是有可能把这些TRL3及以下级别的新发现培育成一个新产业（如人造钻石技术、医用X光机）。即便是这样的企业，如果过于主动追求TRL3及以下级别的研发，离倒闭也就不太远了。

由于TRL1～TRL3都是属于非常基础和前期的研究，这里就一起介绍了。

提出一个完全新的概念，没有任何根据，我们可以称其为TRL0。

这时需要做最基础的原理分析，看看是否违背任何已知的原理或公理，是否从数学推导上能讲得通。如果纯粹理论的推演可以通过，那么可以认为有一定的基础了，这时可以将其定义为TRL1。

这时候，如果能做哪怕是最简单、原始的现象观察，证明假说的合理性，就可以认为技术可信度又上升了，能将其定义为TRL2通过。

如果该现象可以在可工业化的条件下观察到，就具备了实用的可能性，可以将其定义为TRL3过关。

下面我们举几个例子来说明。

例1：超导现象

超导作为一个假说被提出时，如果没有任何理论依据，那么就是TRL0。

当通过量子物理的计算，确认超导这种假说并不违背已知的原理，有可能存在，那么就可以认为达到了TRL1。

这时，科学家们在极低的温度下（液氦温度）确实观察到了超导现象的存在。虽然条件非常极端，没有任何可能的应用场景，但是确实以实验证明了超导原理的真实存在，那么可以认为达到了TRL2。

液氦温度属于一种极端环境，这种极端环境决定了该发现很难有应用场景。核磁共振这种仪器设备和应用功能的拓展需要越来越大的电磁场，最终科学家们盯上了超导材料，希望能通过超导材料实现超大电流，从而产生超强磁场。然后通过孜孜不倦的努力，终于设计出了能工业化生产的液氦磁体。我们可以在这时候认为该技术的成熟度达到了TRL3。也是因为核磁仪器功能的强大，能卖出天价，所以能忍受这么苛刻的使用条件。

但是对于超导的其他工业应用，到今天仍未找到途径。虽然经过多年的研究，科学家们发现了很多相对高温的超导材料，但是也只是在向液氦环境迈进，仍然离可工业化的手段太远，可以认为，除了核磁共振仪的应用，超导仍然处于TRL3的研发阶段。

当然，超导技术实际上并没有经过TRL0和TRL1阶段，它一开始就是被无意中观察到的，从进入人们的视线起就是TRL2。

例2：量子计算技术

量子纠缠假说已提出了很多年，虽然大家没法证伪这个假说，但是也没法证明。虽然有很多推论假说如果量子纠缠存在就会怎样，但是由于无法证伪，就可以认为其不违背基本原理，处于TRL1。

直到最近一二十年，一些量子纠缠的实验证据被发现，虽然只是在对撞机这种极端条件下，只在皮秒到毫秒短的时间里存在，但毕竟是实验验证了理论的真实存在，因此可以认为是TRL2。

最近几年，全球几家头部企业和国家实验室（潘建伟院士的量子通信和量子计算，谷歌、IBM、中科大的量子计算等）已经在实验室的极端环境下，实现了几十位的量子计算，可以认为已经在进行TRL3级别的研发工作。当他们的研发工作找到了可以工业化的实现条件，就可以认为技术通过了TRL3。

例3：核聚变

核聚变的概念最先是通过观察太阳提出的假设，因为通过光谱分析，被认为太阳只有轻元素（尤其是氢）。

通过分析几个轻元素的核子的质量，发现它们的核子都比别的重元素中的核子质量大，因此从侧面证明了轻元素核聚变到一起是放能的过程，处于TRL1。

在高能粒子对撞机之类的装置上，科学家们通过原子核之间的轰击和碰撞，观察到了更重的原子核的产生，虽然只有几个，但毕竟是真实的实验现象，证明了核聚变的存在。这时候可以认为处于TRL2。

观察到核聚变的现象条件非常苛刻，因此既然用来做原子弹这种不计成本的应用可以观察到，对于氢弹这种应用，就可以认为它的技术成熟度已经很高了（TRL9）。但是对于能源应用，现在的实现方式仍然属于极端条件，聚变发生所要求的条件仍然无法工业化实现。科学院研究人造小太阳，就是在想方设法找到可工业化的条件来实现核聚变的可控可调。可以认为他们在进行TRL3级别的研究工作。

从上面三个例子可以看出，无论是哪个技术方向，TRL1~TRL3的研发工作都不应该是一家企业承担的工作。

小　结

通过上面从TRL9～TRL1研发工作的介绍，大家应该能看出来TRL1～TRL3、TRL4～TRL6、TRL6～TRL9是三类非常不同的研发工作，需要完全不同的团队特质和组织方式。

需要开发技术的TRL等级越低，难度和风险就越大，对于研发组织的能力和经验要求就越高。但是，TRL等级越低的技术在向高TRL演进的过程中，对应的可能应用的场景也往往越多，有可能解决多个客户或客户群的需求问题，我们称之为共性技术。

从投资的角度，TRL等级越低的研发项目，越是需要有更大的潜在回报机会以支撑立项的合理性。如果项目中需要应用多项创新技术（如全新的产品设计中用到了两项以上的新技术支撑的单个或多个子系统），项目的难度会进一步增加，投资风险也会相应地成倍增加。其中，TRL等级最低的创新点用来定义项目整体的TRL（木桶原理），而不是做算术平均。

经济体系是一个环环相扣的整体，很多创新会沿着产业链向下逐级延伸，产生系统升级的作用。因此，我们站在国家的角度或全行业的角度，看待某个研发项目所对应的TRL等级时，它的评级在上下游企业眼里可能完全不同。产业链上游企业的任何研发创新活动，都是下游企业的相对低阶TRL的研发创新。

比如材料行业。由于材料在整个产业链条中处于非常前端的位置，任何一种全新材料的发明或改进，都会在各种应用端带来一系列全新的设计、器件和装备，再往下延伸到各种终端应用，在这个过程中会触发各种各样的创新技术，影响非常深远。针对新材料的TRL9级别的研发，放在一个器件或系统里，可能正好是那个系统所对应的客户问题解决方案的TRL4级别的研发任务。因此，各国都把新材料研发放到整个科技体系里非常重要的位置。

这从另一个角度也可以理解为：越是位于产业链上游的行业，其技术创新的影响面就越大，技术创新的难度也就越高。基础行业（如材料、冶金、机床、电子、半导体、万吨锻压机等）的创新对于整个国家和产业链都非常重要。在这些行业里，任何TRL级别的技术创新都是核心技术。而对于位于产业链末端的行业，无论技术或创新听起来多么炫酷，看起来多么高大上，对于国家和产业的重要性都不过如此。

从执行的角度，对于TRL低级别的研发工作，由于技术内在的不确定性，无法用增加资源（人力、物力、资金）的方式加快研发工作，甚至有可能人越多越糟糕，造成思想的混乱，影响研发工作的正常进行。只有TRL6及以上级别的研发创新，才能通过追加资源的方式来加快进度。

在更糟糕的情形下，盲目追加资源反而可能使项目失败。更多的资源和投入必然意味着更高的期望；团队为了表现得物有所值，必然会表功心切，在低阶TRL的问题没有完全验证、得出确定结论之前，有可能提前启动高阶TRL的研发工作。由于低阶TRL的工作结论尚未确定，高阶的研发工作必须基于一个假设向前推进，假设与最终的结论如果有任何偏差，都会造成提前开展的高阶研发工作在一定程度上是无效的。

TRL6之前的所有研发工作，都有不以人的意志为转移的技术难点存在，大多数情况下，结论会与团队的预期偏差较大。这时候，管理者和执行者就必然会掉入陷阱。如果我们看到一个单位做一个研发项目多年，总说进展很好，但总是临门一脚失败，那么大概率是研发工作没有严格按照TRL从低到高逐步开展，所有牵涉其中的人已经掉到这个陷阱里了！最终项目以研发的不确定性为借口不了了之。

对于不同类型的技术开发任务与不同研发组织之间的匹配关系，可以参见图5-1。

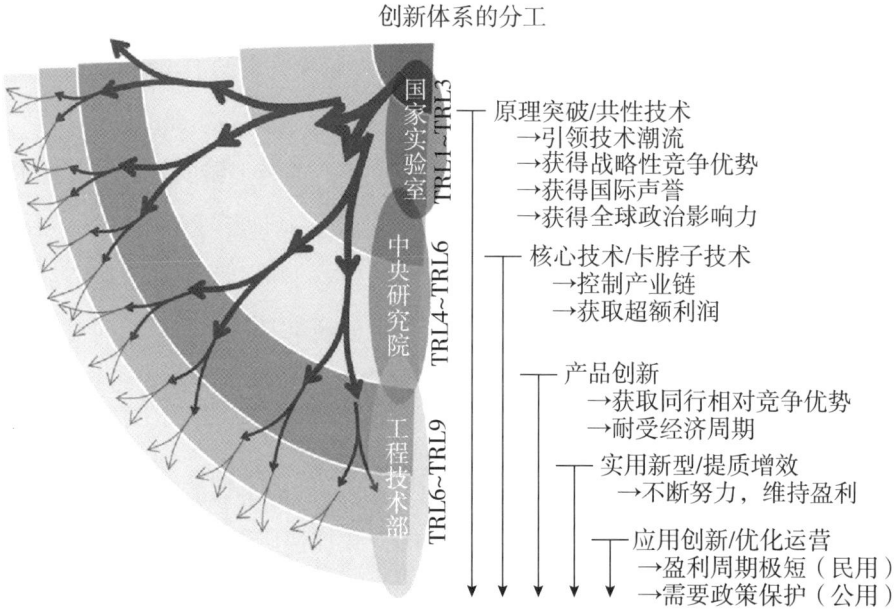

图5-1　不同类型的技术开发任务与不同研发组织之间的匹配关系

从项目执行层面，对于每个TRL等级的研发，我们把需要过关的核心问题汇总如图5-2所示。

```
┌─────────────────────────────────────────────────────────────┐
│            TRL1：是否违背基础科学原理                          │
└─────────────────────────────────────────────────────────────┘
                          │ 不违背任何已知原理和科学技术准则
                          ▼
┌─────────────────────────────────────────────────────────────┐
│       TRL2：原理是否能在理想或极端条件下实验验证              │
└─────────────────────────────────────────────────────────────┘
                          │ 基本机理/原理已经实验验证
                          ▼
┌─────────────────────────────────────────────────────────────┐
│  TRL3：如果TRL2中有极端条件，该极端条件是否有改进并能通过工业实现的 │
│           方法（无极端条件自动满足TRL3）                      │
└─────────────────────────────────────────────────────────────┘
                          │ 实现该原理的所有试验条件都有工业化
                          ▼  方案
┌─────────────────────────────────────────────────────────────┐
│            TRL4：是否在实验室可控可重复实现                   │
└─────────────────────────────────────────────────────────────┘
                          │ 实验室原型机可实现一定的可控的性能
                          ▼  指标
┌─────────────────────────────────────────────────────────────┐
│   TRL5：是否有可信的成本估算（能否搭建起可信的成本模型）       │
└─────────────────────────────────────────────────────────────┘
                          │ 成本估算所用到的所有关键性能指标/
                          ▼  参数都可测得
┌─────────────────────────────────────────────────────────────┐
│  TRL6：方案优化后的预估成本能否满足目标应用的商业化/产品化要求  │
└─────────────────────────────────────────────────────────────┘
                          │ 成本估算结果与商业化应用要求比对，
                          ▼  结论可信度高
┌─────────────────────────────────────────────────────────────┐
│          TRL7：是否完成了可靠的工程化方案/设计                │
└─────────────────────────────────────────────────────────────┘
                          │ 生产加工所需要的设计图纸/方案已经
                          ▼  就位，可以启动生产投资
┌─────────────────────────────────────────────────────────────┐
│   TRL8：是否能稳定地加工生产，成本、性能、质量是否可控         │
└─────────────────────────────────────────────────────────────┘
                          │ 生产线运行稳定，各项生产指标达到设
                          ▼  计目标
┌─────────────────────────────────────────────────────────────┐
│  TRL9：是否实现了产品和方案的稳定应用（客户持续购买）          │
└─────────────────────────────────────────────────────────────┘
                          产品稳定销售并产生经济效益
```

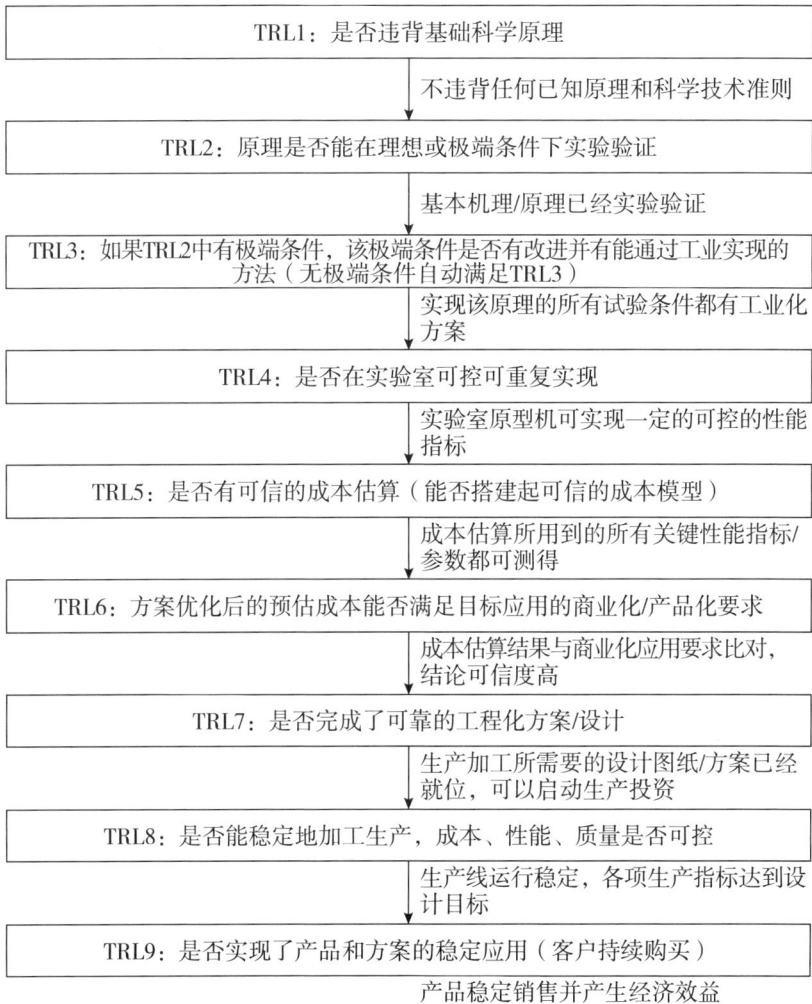

图 5-2　TRL1～TRL9对应的核心问题以及通过标准

　　图5-2中列明的是问题通过标准的通用表述形式，大家根据自己不同的专业和技术方向，可以做相应的细化或用更贴切的表述。图5-3是针对化工合成领域的过关标准的举例。

TRL1：是否违背基础科学原理

反应在计算模拟中能发生

TRL2：原理是否能在理想或极端条件下实验验证

反应在极端条件下能发生

TRL3：如果TRL2中有极端条件，该极端条件是否有改进并有能通过工业实现的方法（无极端条件自动满足TRL3）

反应能在工业可实现的条件下发生

TRL4：是否在实验室可控可重复实现

反应的核心指标在实验室能达到（转化率、反应速率）

TRL5：是否有可信的成本估算（能否搭建起可信的成本模型）

生产所需的关键参数中值都已知

TRL6：方案优化后的预估成本能否满足目标应用的商业化/产品化要求

生产所需的所有关键参数的边界条件都已确定

TRL7：是否完成了可靠的工程化方案/设计

所有生产的非关键路径部件方案定型，所有关键路径生产参数的具体操控方案定型

TRL8：是否能稳定地加工生产，成本、性能、质量是否可控

生产线运行稳定，各项生产指标达到设计目标

TRL9：是否实现了产品和方案的稳定应用（客户持续购买）

产品稳定销售并产生经济效益

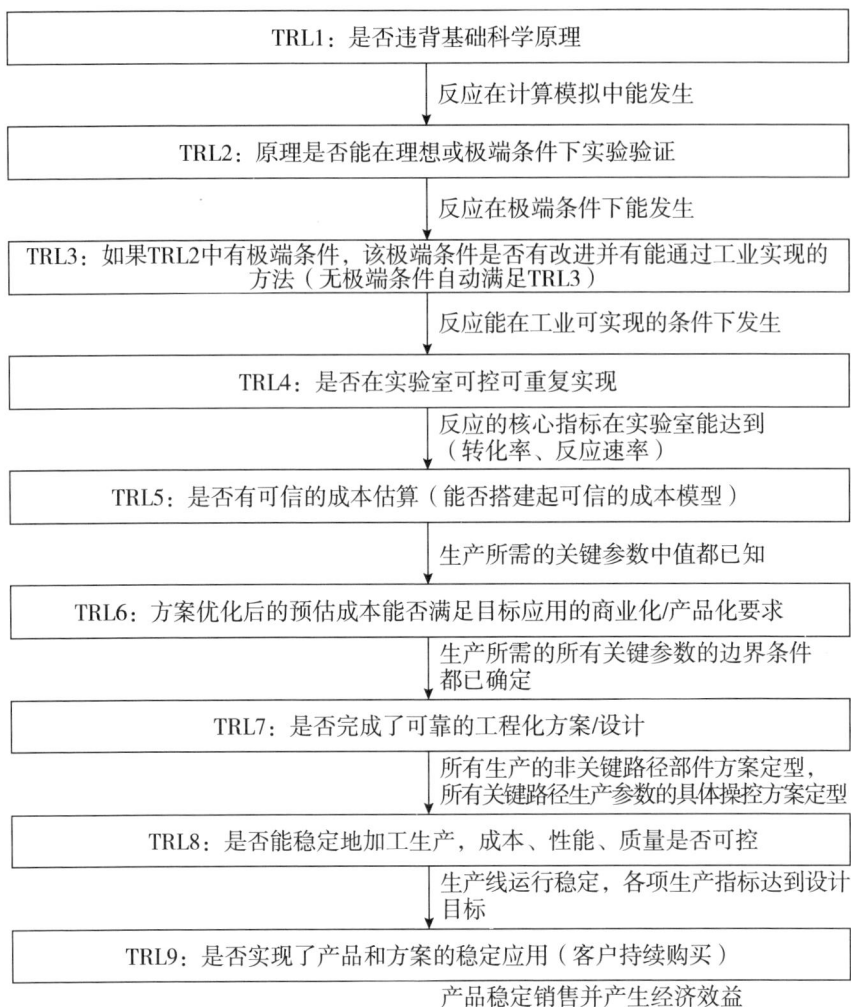

图5-3 TRL1～TRL9对应的核心问题在化工领域的通过标准

第六章

科学立项三部曲

CHAPTER 6

立项，既是研发管理中最容易的步骤，只要愿意投入，就能够创立一个项目，也是研发管理中最难的步骤，难在立一个对的项目：在合适的时间、地点、领域，立一个正确定义的项目。高效合理的立项是研发管理的底层基础。

总　论

对于企业来讲，研发本质上是投资活动。研发投入，期待研发的成果能在后续的经营活动中带来经济效益：要么是改进现有的生产线或产品，在不增加售价的情况下降低成本，获取更高的利润；要么是用新技术产生高性能，从而在目标客户那里卖出高价，同时成本可控，形成高利润。

所有研发活动都是由具体的研发项目来承载，那么到底什么是项目？

广义的项目，指从决定要研发一个产品（即便从原创性的原理研究开始）开始，到产品上市全过程的研发、验证、生产活动的总和。

狭义的项目，指财务和研发任务管理口径定义的在系统中注册的形式上的各项目，往往是广义项目中一个具体的阶段性目标。大企业往往用ERP（企业资源计划）系统来追踪和界定具体项目的任务和预算，我们就暂时将其称为ERP项目（见图6-1）。

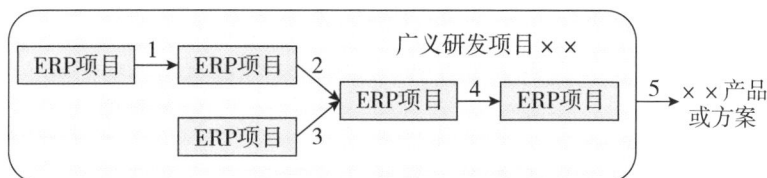

图6-1　项目示意

一个业务决策意义上的广义项目，在实操层面往往由多个限定具体研发任务的ERP项目组成。这里的ERP项目还可以根据管理需要重新排列组合成不同的ERP项目。大家在日常交流和决策过程中，往往把广义的项目与狭义的ERP项目混为一谈，这是大家基于各自不同认知框架的表述而形成的误解。

为了便于讨论，本章所说的立项都是指立项决策的广义研发项目。而在管理层面实际操作的立项是指ERP项目的设立。

对于决策者来说，每一次立项都是一次投资决策。立项步骤的完成质量对于整个研发体系极其重要。由于立项的投资本质，立项过程应该是企业所有职能参与、标准统一、形成共识的过程，任何一个关键职能部门的缺位都会对整个企业的研发活动效能产生重大的负面影响。

在研发的立项决策过程中，无非是回答三个核心问题：干什么？谁来干？怎么干？

针对一个具体有待决策的项目来讲，这三个问题的答案结合起来就是企业领导口中常说的"要不要干"，即"立不立项"。

其中，第一个问题"干什么"是根本，提供的是决策的选项；第二和第三个问题是针对每个具体的备选项目，用来辅助决策。

针对这三个问题，我们逐个解释背后的决策逻辑。

研发项目的设立

我们在之前的章节里一再提到，研发项目最终都是要解决需求。也就是说，对于研发的成果（假设项目最终能够成功）有人愿意买单，而且价格大于成本，便能产生利润。

因此，一家企业里所有的备选研发项目首先都得有对应的需求。需求的大小、真实性，最终决定了这个需求是否值得作为研发的目标。如果是企业内部的需求，比如已有产品的降本增效，其收益可以非常直观地计算出来。如果是客户的需求，那么这个需求价值的确定就需要一整套的市场调研手段来完成。

确定客户需求是企业一切业务活动的基础，这个步骤的专业程度基本上决定了企业的生死。这也是企业产业部门的核心职能之一。专业性的市场调研对于研发决策具有基础性作用。专业的市场需求评估一般由市场细分、业务模式、竞争态势、市场规模和增速、利润率、时间窗口期、典型客户行为等几方面的详细分析构成，同时具备一系列专业、规范的工具和操作流程保证结果的可靠性。

任何不是基于市场需求的研发项目决策都是儿戏。

短期的、显性的市场需求（现有客户）调研和量化确认，一般由产业部门单独完成。如果是远期的、隐性的、需要挖掘的市场需求（现有或未来的客户），调研和评估往往需要产业部门与科研部门共同完成。这里需要强调的是，在任何情况下，产业部门（或具有产业部门经验及思维）的市场专家都是不可或缺的。在确认市场需求的过程中，产业部门（或产业/市场专家）需要对所有目标需求进行收集和评估，根据可能产生的收益大小进行排序，形成列表。

每一个需求都需要由技术团队和专家评估是否有潜在的技术方案。初步评估后，没有潜在技术方案的市场需求会被搁置。

之后，对于所有潜在技术方案要进行全方位的评估，以确定技术方案的TRL，并评估完成技术方案需要多少研发资源（人力、物力、基础设施等）。评估过程中，必要时可以进行短期评估，用于验证核心假设是否成立。对于无法确定TRL的方案，往往意味着方案本身思路不明确，或者技术过于复杂，难以厘清，应该暂时搁置，除非该市场需求对于企业的发展至关重要。如果真是至关重要的市场机会，则可以通过设立阶段性研发项目，用以厘清或评估技术方案的真实风险和不确定性，为后续的正式立项决策提供依据。

评估后，TRL越高的方案，风险越小，到完成产业化的研发投入也往往越小；TRL越低的技术方案，风险越大，到完成产业化的不确定性越强，研发投入也相应越大。

对于企业来讲，不应该开展TRL过低（TRL1~TRL3）的研发，这类研发活动公益性强，对整个社会的技术进步有普遍性作用，但是对于单个企业来说，投入的回收周期过长且企业的业务领域相对较小，不划算，应当坚决摒弃。这类研发活动适合由政府资助的基础研究单位（如中国科学院或大学）承担。推进到TRL3及以上后，企业可以考虑介入（需要匹配需求大小）。

在需求评估和技术评估完成之后，所有备选项目就会落入图6-2中的四个象限中。

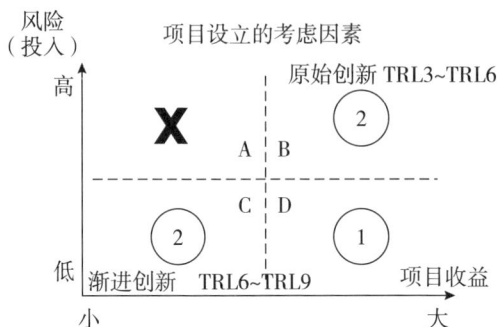

风险
（投入）
项目设立的考虑因素
原始创新 TRL3~TRL6
高
X
A ┊ B
2
C ┊ D
2
1
低
渐进创新 TRL6~TRL9
项目收益
小
大

图6-2 项目收益与风险投资关系

对于落在A象限，风险高而收益小的备选项目，首先排除。

对于落在D象限，风险低而收益大的备选项目，要高度警惕。现实中这类项目存在的概率很小，如果我们的评估落在这个象限，往往可能是评估过程中某些环节出错了，或者不客观。从决策者的角度也要坚决搁置，或深入评估。

对于落在C和B象限内的项目，都可以考虑立项，但是要形成合理的平衡。C象限（短平快）项目往往解决的是企业当下的生存问题；B象限（战略性）项目往往解决的是企业的可持续发展问题。

正确的项目分布比重如图6-3所示。大量的研发资源应该用于相对中短期、收益小但风险和投入也较低的领域；少部分资源用于高风险的战略性项目。

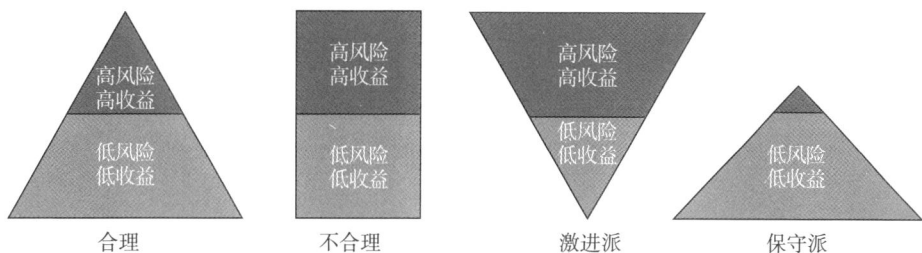

图 6-3　研发项目比重与风险关系

（合理）　　（不合理）　　（激进派）　　（保守派）

从时间轴上讲，一家企业或组织在发展过程中，应该优先开展低风险低收益的项目，积攒经验和执行能力，然后适时向相对高风险高收益的方向拓展。

对于研发团队来说，如果是新手团队，应该承担低风险低收益的项目。如果贸然承担高风险的项目，会在项目原有的内在风险之上，额外叠加团队的能力不足风险。如果是一个经验丰富，技术功底深厚的团队，则应该优先承担高风险高收益的战略性项目，否则是对团队能力的浪费，不能把团队的能力充分转化为竞争优势。

在风险这个维度上，除了技术风险和难度，还需要考虑其他可能会额外增加风险的因素，这些风险和不确定性最终都会反映在投资决策组合的ROI上。

其中一个常见的与技术决策相关的因素是核心业务 VS 拓展业务。如图6-4所示，即使一个技术方向本身是成熟和低风险的，但如果该技术最终对应的产品和方案落在了核心业务之外，那么就意味着在技术成果产业化的过程中，相对于本企业核心业务范围内同等技术难度的项目，需要付出更多的成本，如增加人才储备可能不够、大规模改造生产线、重建销售渠道、重建供应链、重建客户关系等，而这些额外的成本对于核心业务创新成果的影响都很小。因此，对于拓展业务的考量，要用高风险高收益的决策逻辑去审视，不能不做，也不能多做。往哪个方向拓展，怎么拓展，要仔细比对和遴选，确保原有的核心业务优势能在拓展领域得到最大化利用，成为企业的竞争优势（见图6-4）。

图6-4 核心业务和拓展业务关系

面对任何高风险（表面看起来高收益）的机会，团队和决策层都应该先谨慎自问：为什么我能成功？当回答是"我认为……""我觉得……""应该是……"时，那么这个项目的成功率将大大降低。

这里需要澄清一个普遍的误解：高收益的项目基本上都是高风险的，否则早被别人抢先做了；但这反过来就不成立，高风险绝不意味着高收益。虽然我们不得不面对高风险，但高风险是我们要尽量避免和化解的，绝不是我们的朋友。

从项目决策的角度，为了获得更长久的超额利润，我们需要考虑技术门槛，便于把竞争对手挡在门外，技术难度和风险是建立技术门槛的手段之一。但是我们要清醒地认识到，建立竞争门槛才是我们的目的，技术难度只是手段之一（而且往往是效果不好的手段），不能本末倒置，片面追求手段而忽视了目的。

高收益才是高风险投入的核心支撑依据，其他的都只是辅助决策信息。

上文中，我们把项目简单地做了二分法，用以说明考虑立项两个维度的因素：收益的大小 VS 风险的高低。在实际操作中，风险和收益这两个维度都是渐进的分布，而不是简单的非大即小。图6-5是各种级别的TRL与不同技术影响力（机会大小）的排列组合。研发投入的决策者必须制定适合自己企业或组织的项目分布，作为指导研发项目设立的依据，用以平衡企业发展的短期需求和长期需求。在理解了不同类型项目决策背后的原理和逻辑之后，因地制宜，灵活运用。

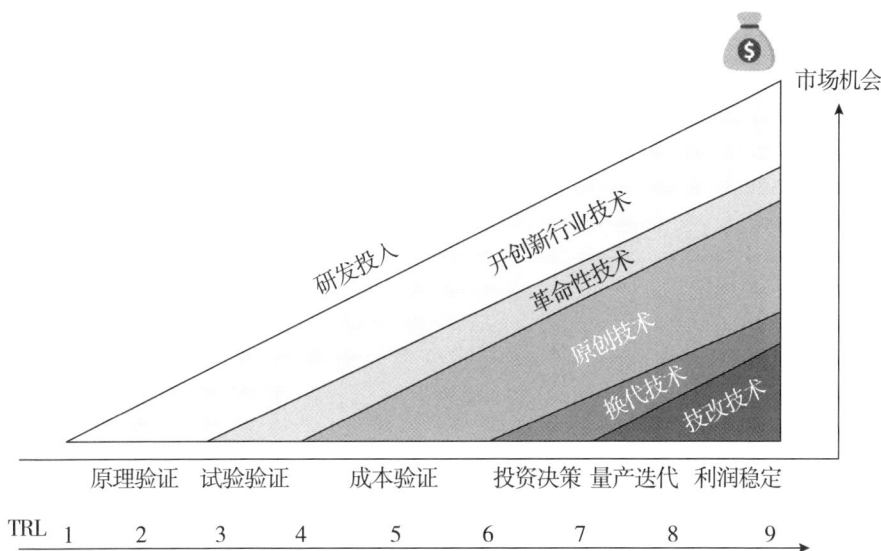

图 6-5　TRL与市场机会关系

从以上的分析可以看出，做什么项目是产业（市场）策略与技术因素高度耦合的决策过程，其中，市场机会是源头和根本，技术风险是判断的被动因素。在这个过程中产业部门的缺位，将会导致研发决策体系的彻底坍塌。如果研发部门自己能认识到这个问题的重要性，主动寻求市场信息的支撑，可以勉强维持决策逻辑的运转，但是市场（产业）信息和策略毕竟是一项高度专业化的职能，即使代偿性的机制可以发挥作用，也必然使研发体系运转效率大打折扣！要么目标混乱，研发工作原地打转或绕弯路；要么所谓的高技术研发成果无法精准对接市场需求，无法落地（人为阻力因素除外）；要么回报与付出不成正比。

从企业管理的角度，搭建企业研发体系的重大误区之一是产业与研发的割裂，造成决策过程中责、权、利的错配。

研发项目的执行

事能不能干得成，取决于是否选对了人。研发项目也不例外。

通过上文的介绍，假如一个正确的项目已经被定义出来了，那么这个项目能否顺利推进（或者说正常推进）就基本上取决于该项目负责人的素质了。

因此，在客观的决策逻辑之上，任何研发项目的决策者都不能忽视人员安排对项目至关重要的影响。具体到某一个项目是否做好了立项的准备，就取决于是否有合格的项目负责人来负责和领导该项目的执行。有，就可以立项；没有，就搁置。

项目推进的方式和执行的路线图是否合理、完备（即怎么干），也是立项的决策因素。然而，项目的执行计划和方式也是由人制定出来的，尤其是由项目负责人牵头制定，因此对于"怎么干"的评判，本质上还是在评判项目负责人是否合格。

公开项目评审，表面上是在评审项目，内在逻辑都是在评审项目负责人。一个备选项目被否决，在很多情况下是因为企业不信任该项目负责人。即便项目是由于前文所展示的因素而被否决，本质上还是对项目负责人的否决，因为合格的项目负责人应该清楚所在企业的研发决策逻辑，对于不符合前文讨论内容的项目，他（她）就不应该提交审议。

一个合格的项目负责人需要具备多种素质。在立项阶段，项目负责人必须能说明至少两方面信息：一是为什么要做这个项目；二是准备怎么开展这个项目。通过这两方面的展示说服决策者：一是这是一个该干的项目；二是项目负责人知道怎么正确地执行这个项目。缺一不可。

关于为什么要做这个项目，主要内容和逻辑参照前文。

关于怎么开展这个项目，核心逻辑参见第七章和第五章中的内容。这两章的内容是研发项目任务分解和设定的核心依据，项目负责人必须领会其精髓并做到灵活运用。

除了这两方面因素的考评，决策领导还应该对照研发项目负责人在项目执行阶段的能力模型，评估将来项目立项之后，该项目负责人能否胜任项目经理的岗位。研发负责人需要根据"客户"需求，确定项目的核心技术指标、技术路线图，确定所需要的研发资源（人、财、物），因此必须具备管理团队、管理资金、管理相关人员关系、管理研发任务、管理风险等方面的经验和技能。不同类型和大小的研发项目对这几方面的要求并不完全一致，研发决策领导必须具备判断项目负责人是否合格的能力。

对于合格项目负责人的能力模型，有大量的培训教材和认证（如PMP认证），这里不再赘述。

目前市面上的各种PMP认证和能力体系主要是针对工程技术类开发项目的管理。而需要从低阶TRL开始的原创性技术研发，对于项目负责人的能力提出了更高的要求，否则容易在阶段性研发任务的设定上出现逻辑混乱的情况。低阶TRL属于起始阶段，往往失之毫厘，谬以千里，对后续研发影响巨大，需要研发决策者高度关注项目负责人的相关能力：高度结构化的思维、识别核心技术难点的能力和对相关技术领域的理解深度。

经过这么多的考量和酝酿，完成了项目立项决策后，项目正式启动。项目开始后，如何正确地运用各种研发工具和手段保证任务的正确推进上升为这一阶段的主要矛盾。同时，作为项目管理者，如何给予在研项目正确的关注和管理方式，保证项目按照预期行进在正确的轨道上，与企业的期望保持一致并随时评判和校正，也是研发组织面临的现实挑战。关于这两方面的内容，我们在后续的章节中会详细介绍。

项目立项示例

图6-6是某跨国公司中央研究院项目的产生和立项过程。通过流程化、机制化的运作，保证了脱颖而出的备选项目清单的整体质量。我们详细梳理一下他们的操作过程，供读者参考。

第一季度，各个业务板块和产品线都要根据过去一年的业务情况，全面评估未来一年短期和3—5年中长期的市场趋势，包括三个维度：一是客户需求的变化趋势；二是竞争对手的产品开发计划和动态；三是自身的商业应对策略和产品上市计划（可控部分和期望部分）。在这三个维度上，生产、销售、市场、产品等部门人员反复比对和推演，确定业务发展的目标情形、最差情形、努力情形，并与业务部门的总目标比对，寻找机会和差距。

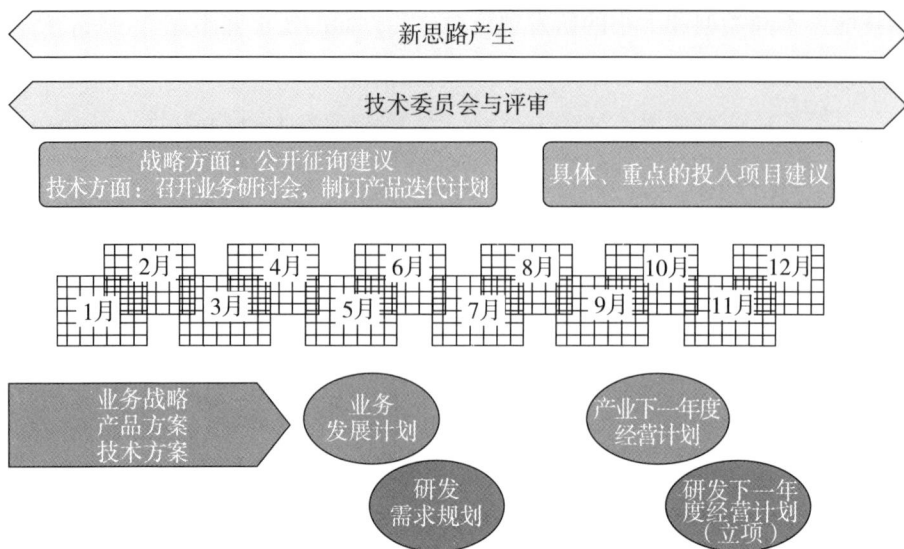

图6-6　某跨国公司中央研究院项目产生和立项过程

第一季度末尾，当业务部门的发展目标确定之后，其中需要技术部门支撑的市场需求和内部增效需求也就明确了，而且带有量化标示。这些需求首先给到业务集团的工程技术团队，确定其中的短平快技术机会，并制定工程技术团队未来1—2年的技改和开发项目清单，完成业务集团内部工程技术团队的预算设定和立项安排。

经过筛选之后的中长期市场需求被梳理出来，与中央研究院的技术团队在工作层面全面交流，互相探讨可能的技术方案。同一个需求可能会有多个备选方案，有的团队提出软件的解决办法，有的团队提出机械设计的改进办法，有的团队提出材料改进的方案等。在各群体（包含商务和技术）内逐渐酝酿出一些可供讨论的项目雏形。

在5—7月，根据各个群体酝酿的情况，由中央研究院的业务技术总监召集大家召开年度技术投资研讨会，研讨会为期2到3天。各产品线的市场部、产品部和工程技术部分别派人参加，组成各分论坛。各论坛的日程设定一般为：

（1）市场部报告相关市场的短期和长期发展趋势，以及竞争对手动态；

（2）产品经理报告业务发展战略、年度业务计划和中长期业务计划；

（3）业务部门的工程技术部汇报中短期技术开发计划；

（4）中央研究院各团队报告过去几个月酝酿出来的技术方案和行业技术发展趋势；

（5）各分论坛组织讨论，一般会有激烈的争论；

（6）各分论坛就各自子领域内的投资机会（需求＋技术方案）排序，并形成通盘的汇报材料；

（7）由业务集团的总裁、技术副总和中央研究院的主要领导一起听取各分论坛的研讨汇报，给出反馈，形成跟进计划。

研讨会后，会根据研讨会的潜在备选项目排序，对每个领域的头部备选方案做进一步的调研求证，必要时给予小额的资助，完成必要的验证工作。

10月，由中央研究院的业务技术总监收集汇总研讨会后几个月的跟进验证结果，对每个潜在的备选项目做最后的评估，形成投资决策建议。

10月底或11月初，各个业务领域的业务技术总监将投资决策建议里相对中短期的决策建议清单递交给业务部门的技术副总裁，作为业务集团横向项目投资的决策依据，由业务技术总监与业务集团的技术副总裁共同敲定下一年度的横向项目清单。

同时，业务技术总监将清单中的中长期战略性技术开发备选项目列入中央研究院的技术开发计划，参加中央研究院的统一技术项目评审。由于中长期技术开发往往带有共性技术的成分，因此所有业务技术总监（能源、医疗、油气、环保等）都在同一个池子内竞争全院的长期研发资金。

由中央研究院的领导层根据评审结果，确定每名业务技术总监的研发资源分配预算和对应的支持项目清单。

12月初，所有确定的横向和院内项目由业务技术总监具体实施立项工作（确定项目负责人、项目年度任务、预算等）。

至此，项目立项流程完毕，项目负责人带领项目团队开始执行项目。

整个过程每年周而复始，循环推进。

这些都是水面之上的正式流程。在水面之下，中央研究院的技术团队与相关业务集团的产品经理、工程技术部的沟通碰撞随时在发生，随时可能有好的项目建议产生。

小　结

每家企业的组织结构和业务模式不尽相同，大家不必过于在意别人所采用的具体方式，但是这些操作背后所依据的决策逻辑可以供大家参考和揣摩，用以提升自身的研发决策效率。

研发项目决策是个系统工程，需要企业各职能部门的全方位参与，决策者也需要科学的制度和流程来支撑科学的决策。不能"花钱一时爽，事后泪两行；失败就甩锅，上下互推诿"。

研发投资决策是一个反复磨合、揉搓的过程，需要的是激烈的思想碰撞。

第七章

成本模型的基础性作用

CHAPTER 7

企业所有的经营活动都是为了盈利，研发也不例外。很多入门不久的研发团队，往往不能准确理解自己的研发活动如何与企业盈利结合，从而导致在研发过程中无法确定研发目标和研发任务。更有甚者，把追求无严格定义的技术先进性作为研发的目标和任务。缺乏实战开发经验的研发管理者，也往往会把技术先进性作为研发目标或立项的依据。

本章，我们将详细分析具体的研发活动（尤其是基础研究和原始创新）是如何与企业的盈利目标准确结合起来，从而指导研发团队正确开展研发活动，指导研发管理领导正确评价研发活动有效性的。

成本与利润

所有的企业活动只有一个目的：盈利。

$$利润 = 价格 - 成本$$

企业为特定客户提供特定的产品，客户为了满足特定需求，愿意付出的钱就是价格；企业为了能把特定的产品提供到客户手里，所付出的所有资金的总和就是成本（销售、运营、营销、生产、研发、税务等成本之和）。

其中，价格完全由客户决定，对应的是客户的一个特定的需求。价格可以被供需关系、政策法规、经济环境等各种因素影响，但是最终仍然以客户愿意付出的钱为终极标准。

客户要付钱满足的需求分两类：一类是已经被满足的需求；一类是没有被满足的需求。

由此可以很容易把我们所有的改进性活动有针对性地分为两类：

（1）对于已经被满足的需求，如何想方设法降低企业的成本，以获得更大的盈利空间；

（2）对于没有被满足的需求，首先确定需求的具体要求是什么，其次确定客户为了这个需求愿意付出多少钱，最后想方设法以低于该价格的成本提供产品，获得盈利空间。

研发作为企业活动的一部分也不例外。研发的最底层逻辑是：确定客户的需求—确定需求对应的价格—研发出成本低于价格的产品。

从这个逻辑中可以看出，（1）只是（2）的一种特殊情况，即特定的需求和对应的价格很容易获得。由此可以看出，所有研发活动就只有一个具体的目的：在满足客户要求的前提下降低成本！

客户的具体要求对应的就是研发项目的各项技术指标。如果客户的具体要求不是以技术指标的形式体现，就需要将这些要求"翻译"成一系列具体的技术指标。把客户的要求"翻译"成具体技术指标的工具是 QFD（Quality Function Deployment，质量功能展开）。

一旦确立了技术指标（广泛、全面），剩下的工作就是全面寻找降低成本思路的过程。

如果没有任何方案能达到客户要求，那么方案的成本可被视为无穷大。这时的首要任务是不计成本找到一个技术方案至少能达到客户的要求。这个寻找能达到客户要求的技术方案（或者验证此类技术路线存在）的关键技术点突破，就被称为原创技术研究。这一步可被视为成本从无穷大降低到一个具体数字的过程。在 TRL 的分级中，对应 TRL1~TRL5 的过程（详细内容参见第五章）。

一旦证明有技术路线有可能达到客户的要求，就会进入图 7-1 的技术研究过程，不断改进、优化并降低成本，直到全口径成本稳定可控地低于客户可以接受的价格。根据最终的方案或产品的复杂程度，这中间可能涉及众多需要进一步攻克的技术难点。比如研发一艘航母和研发一个扳手，即便在逻辑上都是在满足要求的前提下降成本，所涉及的技术复杂度完全不在一个量级上。但是，无论是简单还是复杂，方向上都是降低成本，工作的核心依据都是成本模型。

在特定的时刻和特定的方案下，最终的成本一定是一个具体的数字。这个成本一定是由一系列的成本因子累计所成，这些因子之间的关系就是一个函数，即成本模型。

当我们试图去降低最终方案或产品成本的时候，必然是围绕成本的构成部分，逐个寻找改进的机会。其中围绕基于企业的运营管理所贡献的成本部

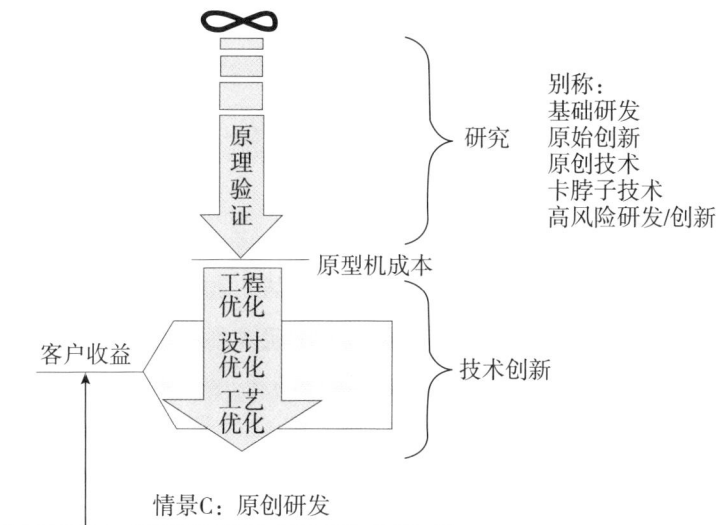

图 7-1　原创技术研究

分，就是管理创新或提升所努力的方向。由于原料、零部件、生产制造等产生的成本部分，就是技术创新努力的方向。

确定技术开发任务时，必须基于成本模型。

产品或方案的成本最高的部分就是最需要技术改进的地方。这就要求研发团队必须抛开自己原有技术背景的思维框架，站在全局的角度分析技术进步的机会点在哪里，而不是自己会什么就非要做什么，把手段当目的。

非常常见且危害巨大的现象是：一个团队在某技术领域投入巨量的时间和资源，最后一算账，该部分只占总成本的1%，而对其他5%甚至10%的成本降低机会视而不见（仅仅因为不是自己专业领域的）。还有些团队嫌弃技术改进措施看着不够高大上，就忽视其对成本降低的巨大作用，非要追求所谓的技术突破和创新性。

成本模型的建立与研发任务的确定

既然成本的管控如此重要，那么如何才能建立正确的成本模型并以之为指导，确定正确的研发任务呢？

建议按照下面六个步骤依次推进：

第一步，确定目标业务模式（可以是暂定的）。

确定具体交易场景下的甲方和乙方，以具体场景下的乙方视角计算成本，以该场景下甲方的收益模型计算乙方的潜在售价。这是最容易被技术人员忽略的步骤，却是最重要的步骤。

我们可以想象一下，有人开发了一种特殊的水泥，这种水泥可以通过一个特殊的配方做成一种水泥预制块，这种水泥预制块可以组合成特定的标准房型，这种标准房型可以被设计到一个摩天大楼中。那么，作为发明这种特殊水泥的团队，成本模型要怎么确定呢？

实际生活中，制备这种特殊水泥的可能是 A 企业，购买这种水泥复配成一个干混凝土配方的是 B 企业，购买这种特定配方的干混凝土通过结构设计和研发出的预制工艺生产特定形状预制块的是 C 企业，购买这种客户定制的预制块用来搭建标准房型的是 D 企业，购买这种标准房型搭建业务或服务并建造摩天大楼的是 E 企业。这个技术链条一步接着一步，直到大楼盖起来。那么，我们要开发的技术（产品）到底处在哪一步呢？

如果我们的定位是 A 企业，那么技术指标要求可能就是水泥的密度、强度、凝结速度、加工时间窗口等指标，在满足这些指标的前提下，想方设法用低于客户（B 企业）愿意支付的价格的成本生产出合格的水泥。

如果我们是 C 企业，那我们就要了解 D 企业的技术要求和愿意支付的价格。D 企业作为预制块的买方，他们的采购要求可能就是制成品的尺寸跨度、尺寸精度、拼装速度、链接强度、结构稳定性、抗震性、可搬运性等技术指标。C 企业就需要研发出符合要求的预制块技术，同时从 B 企业采购所需要的混凝土原料，同时根据自己的技术方案，对 B 企业的混凝土提出具体的技术和价格要求。对于 C 企业来说，他们的成本模型对应的甲方就是 D 企业，卖出的产品就是符合 D 企业要求的水泥预制块，那么 C 企业的成本模型就是基于水泥预制块来搭建的，其成本因素构成中就会有配方混凝土的采购价格、钢筋、模具、场地、人工、能耗、库存、物料损耗、运输、法律法规和税务等。

在我们的实际项目中，有些团队没能准确定位自己企业的业务模式，设立研发项目和研发目标时，往往横跨了多个行业，对于研发任务的确定造成极大的困扰，也无法确定具体的成本模型。

以上面的建筑产业企业举例，我们能想象一家卖特殊水泥的企业去研发预制块的加工成型技术吗？那C企业自己的研发团队干什么？

所以，一家企业（项目团队）首先要确定自己的产业定位，按照自己的产业定位来确定自己的上下游边界（甲乙方关系），从而为后续研发技术指标的确定打下基础。

一旦明确了技术指标，就有了成本模型函数 $Y=f(x)$ 中的 Y，就可以进入第二步了。

第二步，成本影响因素分析和列表。

在这一步，要全面梳理和罗列所有可能的与目标产品相关的成本因素，如采购、物流、仓储、损耗、保险、废料、能耗、厂房、人工、成品率、"三废"处理、消防、业务招待、差旅等，不能漏掉任何一个。任何一个不经意漏掉的成本项，都可能在后续的分析中造成重大的逻辑和决策错误。

某企业曾经开发了一款针对农村诊所的超级简单的X光机，由于客户的经济能力有限，价格要比城市里低很多。起初的认知是怎么简单怎么来，所有零部件都用最便宜的。做出来的X光机成本确实低了很多，也卖出去很多，挣了一大笔钱，但是没过多久，这个产品线就从大幅盈利变成了大幅亏损。经过分析，该企业在成本模型中忽略了差旅费的比重。医疗器械有其特殊性，要求发生故障后厂家必须限时解决，所以每个产品在开发过程中都会有一个必须满足的故障率上限指标，因为故障率的提高会带来售后服务人工费的提升，直接对应的就是维保服务成本。在开发这款产品时，团队按照通常的做法确定了一系列的指标（包括故障率）预估的成本模型，但没有给予故障率特别的关注。而产品上市后的故障率也确实符合预期，却忽略了该产品目标客户的地理位置挑战。由于客户地处偏僻，每一次故障报修所产生的成本往往是大城市的几倍，往返一次大多需要两天以上，而且一次检修可能有配件不齐的情况，这样就需要至少跑两趟。

后来，产品决策团队迅速调整产品指标定位，根据使用场景进一步简化了不常用的功能，只覆盖最基础的用途，大幅度减少零部件个数。同时，为了降低故障率，团队重新制定了技术方案，使用最新的材料和生产技术，使新一代产品成为简单、便宜、实用且不容易摔坏的X光机，最终获得商业成功。对于非洲、南美洲等广大不发达地区，这些产品特质更加突出，这些X光机最终成为国际明星产品。

这个案例也纠正了大家一个一贯的错误观念：便宜＝低技术。实际的情况是，便宜好用才需要真正的高科技。

一旦确定了所有的成本相关因素，确保没有遗漏，就有了成本模型函数 $Y=f(x)$ 中所有的 x，就可以进入第三步。

第三步，赋值：确定每个影响因素对应的范围。

基于各种信息来源（文献、供应商、实验、经验等），对于所有的成本影响因素输入三个值：对于乙方的最佳值，对于乙方的最糟值，最可能的值。

我们通常所做的各种研究课题，往往真正的目的是要搞清楚一个个的因素是如何影响性能的，从而确定因素的变动范围，为成本估算做准备。

探索也是有规律和模式可遵循借鉴的，以是否可能影响成本、性能为依据。

所有的赋值因子都不可以漏掉，否则可能造成决策的重大失误。在没有准确信息来源的情况下，根据推算估计一个值也可以，但是需要标记该值为假设，作为成本模型不确定性的来源之一记录下来。根据所依据信息的可靠程度，标记假设的不确定性严重程度。

第四步，梳理所有因素间的逻辑关系和函数关系。

在EXCEL或其他函数工具中，建立所有影响因素之间的逻辑关系，并指向、输出产品的全口径成本。

对于不太确定的逻辑或函数关系，可以先输入一个假设关系（或方程）。

参数之间可能会有交叉影响甚至因果循环的情况存在，不能假设所有的因素都是单向影响函数。

对于此处的所有不确定关系需要寻求专家帮助、进行调研、查阅文献等，必要的时候以实验确定。这类实验往往以DOE（Design of Experiment，实验设计）的形式体现。

针对不同的输入值，对模型进行模拟运算。

第五步，进行影响因素敏感度分析，以对成本输出值的影响大小做排序筛选。

至此，我们手中应该已经掌握了一个可以运算模拟的成本模型函数。基于这个函数，可以确定对成本影响最大的两类因素：在成本构成中占据比例最大的几个因素；引起成本变动幅度最大的几个因素。

在成本模型中代入所有参数的中值，记录每个参数在最终成本中所占的比例，然后按照比例大小排序，获得上述第一类因素的排名。

对所有参数按照可控范围进行变动模拟，记录每个参数在波动范围内对成本造成的影响并按照绝对值大小排序，获得上述第二类因素的排名。

筛选出名列前茅的影响因素并分类（可分为商务运行因素、生产运营因素、技术指标类因素）。

至此，对于成本模型给出的成本结果与目标产品价格做比较。

如果得出的潜在利润空间满足业务要求，并实验验证了成本和技术指标，则产品方案研发成功。

如果成本不够低，不能产生足够的利润，则对上述第二类因素进行优化调整（很可能有交叉影响），判断能否达到成本目标（满足技术指标的前提下），如能通过优化调整达到成本和技术指标目标并实验验证，则技术方案研发成功。此处需要注意，可根据因素排名情况由不同团队（商务运营、生产、研发等）分别优化，并不一定非要由技术开发团队承担主要任务（除非对成本影响排名靠前的是技术类因素）。

若调整优化后仍然不能达到预期的成本，则从第一类因素中从大到小逐个评估因素对应的成本通过创新下降的空间。这种创新既可能是技术创新，也可能是管理创新。每一个成本影响因素所需要下调的目标值就将成为下一阶段一个个具体的创新任务！

其中，针对技术类因素的新目标值就会成为一个个技术研发任务。整个研发工作的成功依赖于每个研发任务达到预期的成本下降贡献值。

而整个产品开发工作的成功，则依赖于所有成本类因素的改进目标达成（运营管理、生产、技术等）。

这里一定要注意产品开发工作的范畴要远大于研发工作的范畴。

第六步，根据项目进度实际情况（任何新的信息或数据获得），不断修正成本模型。

整个新产品开发的过程就是不断改进和验证成本因素和相关假设的过程。

整个新技术开发的过程就是不断改进和验证技术类成本因素及相关假设的过程。

数据来源没有任何限制（文献、访谈、调研、搜索、实验、推演等）。

至此，我们完成了从企业的核心追求（利润）到具体研发任务的逻辑链条梳理。可以看出，成本模型的搭建和运用是所有逻辑链条的核心。成本模型建立之后的研发活动对应TRL5~TRL8的工作（详细内容参见第五章）。

希望通过本章的介绍，可以帮助研发团队和研发管理团队正确地确立和评价研发项目。

第八章

研发工具

CHAPTER 8

学而不思则罔，思而不学则殆。我们既要积极学习具体的知识和技能，也要不断地思考总结，形成规律和高阶认知，指导知识和技能的灵活运用。

总　论

每个人的知识和能力体系是个金字塔层级结构（见图8-1、图8-2），没有知识的积累，就无从了解基于这些知识的上层联系和规律，即便是听到了、记住了，也往往只会生搬硬套，无法变成具体有效的判断、计划和行动，难以灵活应用、发挥作用。因此，脚踏实地认真做好眼前的工作，尽可能多地吸收和学习新知识是能力升级的必由之路。

图8-1　个人能力模型

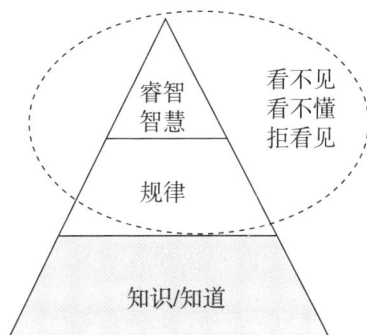

思维受限，拒绝能力升级

图8-2　能力分级模型

另外，当某一层的知识和技能积累到一定程度，我们也需要抬起头来思考这些知识和技能之间的联系和规律，总结出更高维度的认知和技能来。否则就会"学而不思则罔"，变成知识的储备库和搬运工，无法实现更大的个人价值。

随着认知的不断积累，理解的不断升级，我们会获得更高层次的工作生活智慧，融会贯通，形成完整的认知体系（见图8-3），从而变得睿智通达。

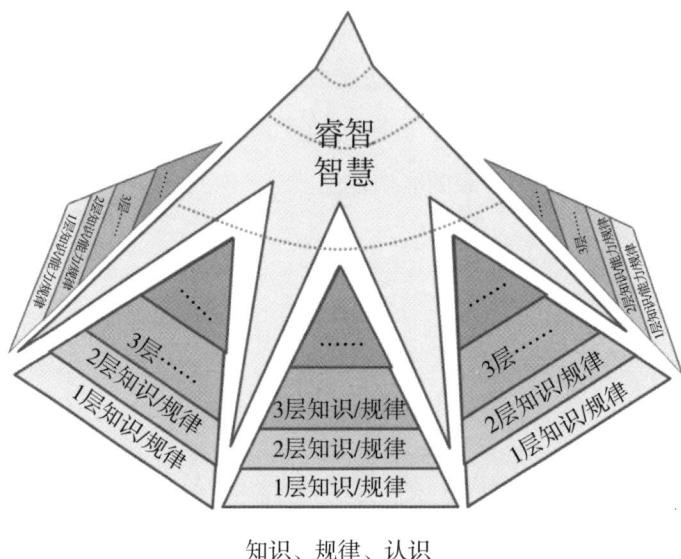

图8-3 能力成长模型

道理同样适用于研发人才。

对于研发人才，做实验、看文献是充实专业知识和信息的基础工作，如果做得不扎实，就会失去基本的技术判断力，研发工作无从谈起。

但是作为合格的研发人才，只会积累数据和专业知识是远远不够的。在获得了一定的专业知识和技能之后，需要在真实的开发项目中积累解决问题的经验并不断地反思和总结规律，然后再用学到和悟到的规律指导研发活动，灵活运用学到的专业知识和技能，提升研发的效率和价值。

这些规律既要通过自己实践总结，也要积极学习和借鉴前人经验，加快个人成长的速度。

企业研发作为全球无数优秀企业进行了一百多年的一种业务活动，已经有了非常完善的过程规律和逻辑的分析与总结。这些规律和逻辑并不会因为成为技术专家就自然获得和懂得，那些善于思考和总结的技术专家，经过多年的经验教训之后，往往只能窥视一二。我国产业界在这方面的历史不长，积累还不够，对于各种研发规律、认知的传承还处于师傅带徒弟式的口口相传阶段，非常不利于这研发精髓认知的积累、学习和传播，尤其是不利于研发团队之外管理者的理解和掌握。

因此，尽快了解和掌握这些研发的普遍规律并广泛推广，能大幅提升我们的研发资源利用效率，提高产出，创造更大的社会和经济价值。

研发规律与工具

一、研发过程中的规律——方法论

企业的科技创新，本质是以创造经济价值为最终目的的一种投资活动。从决策者的角度，要回答"干什么"和"谁来干"的问题。从执行者的角度，就是"怎么干"的问题。这几个问题之间的关系，我们在之前的章节中已经做了详细论述。下面我们重点介绍"怎么干"的问题。

一旦从决策者的视角决定了"干什么"，也就意味着有一个特定客户（或客户群）的一个特定需求（问题）被定义了出来，而且决定对其进行研发投入，来找到（或开发出）合格的解决方案。如果"谁来干"也有了定论，意味着具体负责项目执行的项目负责人也已经确定，项目正式启动，进入执行环节。

执行研发项目，需要在掌握一定技术知识的基础上，按照特定的开发逻辑，在预计的时间内达成特定的目标。

这个特定的开发逻辑和步骤如下。

第一步，确定各方认可的、可量化、可验证的项目目标。

第二步，全面收集所有可能的技术备选方案，并进行充分的排列组合，逐一评估技术可行性、难度、业务适用性等，列选出优先级。

第三步，对选定的技术方案的功能进行层层拆解，一直拆解到可管控因素层面为止（若有多个备选方案，每个方案均执行同样的策略）。

第四步，针对所有影响因素，筛选需要研究的重点影响因素。如果方案由多个子系统构成，则需要对各个子系统做权重分析（筛选对结果影响大的子系统），优先开展权重靠前的子系统中的影响因素筛选。同样的筛选逻辑可层层复制。

第五步，针对选定的影响因素，建立函数关系。这里的函数关系是广义的函数关系，并不一定是一个具体的数学公式。

第六步，基于函数关系，优化参数设置，寻找最优点。基于最优点，判断项目目标是否有达到的可能。如果可能，就进一步验证函数关系的可靠性，并确定各个参数设计范围（基于公差传递），为设计定型做准备。如果不可能，就另外寻找技术路线（或启用备用技术路线）。如果已知的技术路线经过关键参数优化都不可能达成项目指标，说明项目立项时的技术可行性假设不成立，则项目终止。

第七步，进行失效模式分析，为技术方案拾遗补缺。

至此，项目的技术开发部分基本完成，进入技术成果/方案产业化进程（New Production Introduction，NPI）。

二、研发工具

下面，我们逐一介绍各步骤需要用到的工具和研发方法。

1.QFD

在项目开始时，项目面临的第一个问题是：项目目标到底是什么？客户、决策者和项目负责人三方对项目目标的定义、理解和表述是完全一致的吗？

当然不一致！客户、决策者和项目负责人，三方的知识背景不同，话语体系也不同，所以他们对项目目标的表述必然不同。

三方对项目目标的定义和表述完全不同的项目有很多，甚至有些项目都已经进行很多年了，却突然无法继续下去，这就是各方对项目目标的定义不同造成的。

项目启动的第一个任务就是找到一个三方都接受并认可的项目目标，并以书面的形式确定下来。但是，客户的内在需求是客观事实，不可改变（表述可能会变化）；决策者需要经济回报，不能妥协；项目负责人需要一个明确的技术指标，否则无法筛选技术路线。客户可能没有研发的背景，没意识到或者没有能力直接给出一个科学合理的技术指标列表。

因此，任何研发项目的第一个共性问题就是：如何产生一个三方都认可的科学合理的关键技术指标列表（Critical to Quality, CTQ），作为研发项目的起点。

对于这个问题的回答哪怕有一丝一毫的偏差，都会对整个项目的执行产生"失之毫厘，谬以千里"的后果。因此，掌握并灵活运用前人针对这个问题总结出来的规律和解决问题的工具至关重要。这个工具就是QFD（Quality Function Deployment），有人根据字面意义翻译成质量功能展开，或者根据工具的图形特征翻译为质量屋。图8-4是一个典型的QFD图。

用户分类	技术需求（最终产品特性）顾客需求	K_{ANO}	开启扭矩	断环扭矩	跌落吸入	密封性能	盖体外径	内塞外径	螺纹内径	螺牙外翻	密封圈损伤	单点拉力	盖体变形	瓶口断环测试	异味评测	缺料
顾客和市场需求	易开启	4	9	9					3	3		5				
	内容物不变质	5	1			5	9		5		9					1
	气味无异常	5													9	
	断环前挤压不漏液	3		7		9		9			9	5		1		5
	上线无高歪盖	5					9	3	1				3			
	上线不断环	3		1							9					
	上线不卡盖	5					1						9			9
	密封良好	4	1		7	9		9			7					3
	不跟旋	3		7							7	9				
	不滑扣	3						7	9							
	不掉印	4														
	无脏污	4									3					
	卫生性能	5													5	
工程措施重要度			45	81	53	108	50	115	38	27	100	83	72	30	70	77
宏全			4	4	4	4	5	4	4	4	4	4	4	4	2	4

图8-4　QFD图

QFD的本质是把客户的定性的、描述性的要求，通过科学的逻辑过程，转换成具体的可执行可测量的技术指标。关于具体如何使用QFD工具，读者可以自行阅读相关资料。

2.头脑风暴和TRIZ

一旦确定了项目的具体技术指标清单，我们就需要对清单里的各种关键技术指标（CTQ）进行评估，把已经得到满足的CTQ摘出来，留下未能满足的CTQ作为项目的核心研发目标（保持其他CTQ仍然满足的情况下）。紧接着的问题就是：有没有可供选择的技术路线或方案？

备选技术方案的产生一般有三个途径。

途径一：工程技术经验。这种一般适用于本领域的简单技术问题和已有技术方案的改进（或者已有产品的改进）。对于一个全新的问题或需求，专家基于技术积累，往往也能提出有效的备选方案，但受限于个人的技术背景，不一定能提出最佳的备选方案。

途径二：头脑风暴。将不同背景和专业的人员集中起来，基于对问题的理解，每个人提出自己的想法和点子，每个点子不管听起来多么疯狂，也要记录下来供讨论，用于互相启发，诱发思考。不断地循环往复，直到再也没有新的想法产生为止。这种方法可以最大化地挖掘所有可能方案的排列组合。

途径三：TRIZ（萃智理论）。即由发明家、教育家G.S.Altshuller（根里奇·阿奇舒勒）和他的研究团队，通过分析大量专利和创新案例总结出来的几十种解决问题的固定模式。实践过程中，通过抽提一个具体技术困难中的共性特征，由共性特征指向几个对应的共性解决思路，再把这些共性的解决思路与具体的技术场景结合，往往能提示具体的问题解决思路。

TRIZ的核心功能是提供备选技术方案。它的核心思想是：任何具体的技术发明或问题解决方式，都是遵循某种已知的模式。实践证明，运用TRIZ理论，可大大加快人们创造发明的进程，而且能得到高质量的创新产品。关于TRIZ理论和工具的具体使用方法和过程，可以参见相关的书籍和培训。

3. 鱼骨图、思维导图和CTQ Flowdown（核心功能下展）

一旦选定了某个技术方案，就需要对该技术方案的各技术方面和子系统进行层层分解和梳理，全面收集和整理所有需要考虑的影响因素。同时，梳理所有影响因素和子系统之间的逻辑关系。通过分析，区分核心功能逻辑、辅助功能逻辑、功能演进顺序和底层的核心关键指标。

对于相对简单一些的体系，鱼骨图既可以全面、形象地梳理和展示系统功能的构成和各层级的影响因素，也能展示简单的逻辑关系。而思维导图可以展示较为复杂的逻辑关系。

对于复杂的体系，尤其是有交叉影响的多个子系统的体系，鱼骨图的表达能力不足，需要用到更复杂一些的工具：CTQ Flowdown。市面上能下载到的专业思维导图或CTQ Flowdown工具都具有多维的逻辑链接表达能力，而且对各种逻辑关系具备函数表达能力，可以进行多维度的定性和定量描述。

这里需要强调，对于一个相对复杂的技术方案的表达和分析，使用专业的工具（CTQ Flowdown）不再是一个选项，而是必需！因为没有任何人的大脑具备大量变量的量化分析能力。因此，对CTQ Flowdown的熟练运用是作为研发项目负责人的必备前提条件。

4. DOE（Design of Experiments）实验设计

通过工具三全面梳理所有的影响因素与各级分类指标之间的定性逻辑关系之后，需要确定这些定性关系的定量描述，为后面的设计优化和管控做准备。

对于已知的技术原理，可以使用相关的原理表达公式或函数代入思维导图或CTQ Flowdown工具中。

那么，所有未知的量化关系都需要通过系列实验设计来确定。在实际项目中，毕竟已知的量化关系是少数（书籍和文献），因此，可能需要消耗大量的研发资源、做大量的实验来确定未知的量化函数关系，毕竟可能需要大量的数据点才能有效拟合出一条可靠的量化函数曲线，而每个实验数据点都需要消耗研发资源。

但是，并不是所有的影响因素都值得花费大量时间和资源去做实验确定量化关系，因为大量的影响因素对于关键指标虽然理论上有影响，但是在设计范围内，影响的幅度可能很小。在研发资源有限的情况下，必须把有限的资源用到关键的地方，并尽量最大化实验的效能。

到了这一步，项目的阶段性需求就是要对所有的影响因素进行排序和整理，筛选出重要的或影响较大的因素来确定它们的量化关系函数。一方面，基于影响因素之间的联系，简化和合并同类项，减少需要研究的因素数量。例如，水解温度、水解时间、催化剂浓度都影响水解程度，而水解程度才是后续反应的唯一核心因素，那么就可以通过固定温度和浓度，单一调整水解时间来研究水解程度与后续其他指标之间的函数关系，大幅度降低实验量，而不影响实验结论。另一方面，需要通过实验验证的方式进一步缩小需要深入研究的影响因素范围，降低工作量，节省宝贵的研发资源。

（1）Screening DOE（筛选实验设计）。

如果通过已知的工程和技术知识仍然无法把需要研究因素的重要性区分开，就需要通过实验验证的方法来筛选。对于那些高阶的影响因素（比如a因素和b因素都对指标无影响，但是a×b有可能对指标有重要影响），一般难以通过直观的工程技术经验判断，也需要通过筛选实验来确认。

作为项目负责人，要清醒地认识到，这个阶段的任务是把重要的关系和影响因素筛选出来，而绝不是追求指标本身是否达到。因此，实验的设计和结果的解读都必须围绕这个阶段性目标"筛选"展开。

采用单因子实验，把要研究的影响因素一个个地做影响曲线，是一种原始的方式，对于非常简单的体系问题不大。而一旦设计多个影响因素和因素之间的交叉影响时，所需要的实验工作量会迅速呈几何级数上升，到达一个无法接受的量级。对于一个资源有限的企业开发项目，这种方式绝对不可接受。

想要在有限的时间和资源范围内，对所有需要了解的影响因素做一个全面的、置信度可接受的筛查，就需要借助科学的DOE工具包进行实验设计。根据项目组的资源量限制和对置信度的接受程度，DOE工具包一般会根据统计学原理，给出不同的实验组设计方案以供选择。在实验的过程中，可以不断对已经产生的实验结果进行阶段性统计学分析，给出定性和半定量的结论供项目组参考。实验完成后的整体分析，会给出多种分析结论（在一定的置信度下）。

其中，最重要的结果就是影响因素的帕累托图[①]，对所有要考量的影响因素做重要性排序。项目组可根据实际需要，对排名靠前的影响因素做进一步的优化设计，对于靠后的因素选择忽略（在后续实验中设定为固定值），将相关的影响作为噪声来处理。

（2）Optimization DOE（设计优化实验）。

一旦确定了对研发指标有实质性影响的因素清单之后，一方面需要对每个筛选出的影响因素建立它们作用于目标指标的函数关系；另一方面需要对每个因素在控制范围内进行调节，力争使目标指标达到所要求的范围内。这时候就需要用到优化实验设计工具。

因素逐个优化有一种笨办法，即不断寻找各种排列组合，最终靠近想要的指标结果。但当一个项目中需要优化的影响因素数量增加时，这种笨办法所需要的实验工作量将呈几何级数上升。举例来说，如果实验方案中只有一个影响因素，在研究范围内需要做 10 个点，这时候只需要做 10 次实验就能完成所有的优化实验。如果是 2 个影响因素呢？根据排列组合，就有 10×10=100 次实验要完成。同理，3 个影响因素就需要 10 的 3 次方，即 1000 次实验，依此类推。一个稍微大一些的开发项目，有十几或几十个影响因素是非常常见的情况。大家常用的简化方式就是采用单因子优化的方式，一个因子一个因子地优化过去，这种方式虽然有效降低了实验量，但是极大地损失了结果的有效性，在某些情况下，可能永远也无法到达最优点。如果开发的体系有多个 CTQ（属于普遍现象），多目标优化设计几乎不可能用单因子优化的方式实现。

实际上，针对这种情况，专业的 DOE 设计软件中往往会给出各种基于神

---

① 帕累托图是将出现的质量问题和质量改进项目按重要程度依次排列而采用的一种图表，表示有多少结果是由已确认类型或范畴的原因造成的。

经网络的统计学简化实验方案设计，能在大幅度降低实验工作量的同时，给出置信度几乎不受影响的结论和结果。

但优化实验设计并不一定在一次实验方案中就能找到最佳的设计点，有可能根据第一次的实验结果分析，进一步缩小范围，进行多次的优化实验设计迭代后才能找到。

（3）Validation DOE（设计验证实验）。

对于优化实验设计工具最终给出的函数关系，需要设计验证实验，确认优化后的函数关系的可靠性和适用性。

在完成验证实验，确认在设计范围内有效的函数关系后，将关系函数代入之前建立的CTQ Flowdown模型中，运行CTQ Flowback功能，确认最终的项目目标指标可以达到。

在DOE设计软件中，往往还带有其他各种数据分析功能，如公差传递、残差分析等，以进一步确认函数关系的置信度，用来管控设计偏差。

5. FMEA（失效模式与影响分析）

到了项目研发后期，是否可以完成研发目标基本大局已定，主体设计思路和技术方案基本定型。这时候，需要项目组重新退回到客户的视角，全面审视、梳理技术方案进入实际应用场景后所有可能导致失效无法满足客户要求的情形。由于研发团队在开发过程中形成的思维定式，必然会有注意力盲区，因此，需要邀请各种专业背景的非项目团队成员参与。FMEA是一种特定阶段特定目的的风险评估，具体的操作过程类似于头脑风暴，需要由有经验的主持人主导全场的讨论，用专业化的分析工具记录和整理讨论形成的失效模式清单，然后逐项制定验证或管控方案，以确保研发成果推出后的成功率。

项目团队在项目展现良好的进展和势头时，常忽略开展FMEA分析。而实际情况是，技术风险本身并不会因为团队的忽视而自动消失，它可能会以灾难性的方式展现在所有人面前。

另一种对待FMEA隐性的错误态度是简单分析、草草了事，导致风险发现不全。错误做法之一就是只邀请团队成员或身边熟悉的少数人参加讨论分析，没有充分调动不同职能和技术背景的人员，导致所有参与讨论的人员背景有偏差，由于知识或视角受限，无法发现非常规的失效风险。这种FMEA分析非常有欺骗性，因为会给人"该做的分析都做了，应该没有问题了"的错觉。

6. Risk Assessment（风险评估）

Risk Assessment是一个专业系统地分析和评估项目在某一时刻面临的所有风险的工具。从项目负责人的角度，需要随时了解所有风险的种类及对项目的影响程度和它们之间的相互关系，并分门别类安排研发资源予以应对。因此，项目应定期（至少每个季度一次）安排风险评估讨论会，系统评估项目目前面临的各种可能的问题，并随着项目的进行，随时更新风险评估表。项目开始时应尽量全面并邀请尽可能多的不同背景人员参与。执行过程中的后续定期评估可相对缩小规模，但评估过程和方式不应简化，否则容易形成视角盲区和惯性思维。

在项目的执行过程中，一方面，无论多么有经验的项目负责人，对于项目执行中面临的各种问题和不确定性，总会有考虑不周全的地方。另一方面，即便是项目负责人想到的问题，在制定应对方案的时候，也需要相应的团队成员积极配合，或者需要大家对项目可能面临的问题有了解和共识，在完成各自研发任务的过程中，做好应对的心理准备。以上这些问题，都有赖于团队全体成员对项目执行中的风险随时保持清醒的认知。

因此，定期的正规风险评估操作，既有利于所有项目成员和利益相关方对项目的状态和进展建立共识，也有利于沟通和协调研发资源。

研发工具讨论

以上，我们对研发项目主干逻辑中的必要工具做了梳理，除了这些主要工具，还有各种各样针对研发过程中某些具体问题的辅助研发工具，均有利于提升研发工作质量和效率，比如评估数据测量工具和测量流程有效性、可靠性的MSA（Measurement System Analysis，测量系统分析），展示和跟踪研发任务进度的Gantt Chart（甘特图）等。

以上的逻辑过程和所用的工具，同样适用于大型项目中的子任务或子系统开发。大系统与子系统的关系类比指标与影响因素的关系，或者类比客户与项目组的关系。因此，这些工具和执行逻辑是一个层层嵌套的过程，而不是一个线性展开的过程，需要大家在实践中灵活运用。

研发规律的底层基础是专业的知识和技能，对于这些规律和工具的掌握和熟悉并不能替代研发人员自己的专业技术知识，而是更高效地利用他们原有的知识和技能。因此，正确的态度是，既不能忽视规律和工具的存在，也不能忽视专业知识的基础作用，导致项目执行唯工具论，甚至在错误的时间、地点，错误地使用工具，给研发工作造成困扰甚至误导。

在六西格玛培训体系中，这些研发工具均有涉及，六西格玛的项目过程基本上是对研发过程的规律性总结。六西格玛这个称谓本身由于历史原因产生并流行，具有非常大的误导性，导致很多专家学者一听到六西格玛就觉得跟研发项目关系不大，影响了大家学习。

关于TRL与上述工具的关系。TRL定义了研发项目处在什么阶段。根据项目所处的阶段，可以定义每个阶段特定的技术指标目标。一旦这个阶段性的技术指标目标确定，下面的执行过程就可以根据上述的规律和工具展开。例如，对于一个处于TRL4阶段的研发项目，它的阶段性目标就是确认是否可以在实验室环境下达到最核心的关键指标，其他指标都暂时放到一边，围绕这一定义，项目的执行逻辑就非常清晰了。到了TRL6阶段，就需要确定所有的设计指标全面达标，包括成本评估，同样的执行逻辑一样适用，只是目标跟之前的阶段不一样了。这些阶段性的目标连贯起来，就是整个开发项目的执行路线图，最终指向应用于客户实际的终极产品或方案。

从大的类别讲，一个研发项目有两个大目标：一是性能满足客户要求；二是成本满足投资人要求（即生产企业要求）。上面讲到的项目执行过程和工具，会被自然而然用到"性能满足客户要求"这个目标的追求上。在关于成本模型的内容中，笔者对如何确定和满足成本要求做了详细的论述（成本模型在研发中的基础性作用），其中关于成本指标的确定、拆解、筛分、优化等步骤，与上面讲到的技术指标研发过程逻辑完全一样。如上段所说，在项目开发的不同阶段，侧重的目标会有不同，但是项目执行的规律和逻辑内在相通。

项目的推进永远有项目执行团队和项目管理角色两个维度。

以上从执行团队的角度，介绍了项目开展的逻辑和对应的方法工具。那么项目管理方是否也有对应的规律和工具呢？答案是肯定的。

要想了解项目管理方科学的管理方法，首先要了解研发项目这个活动的本质。

任何一个研发项目的推进过程，本质上是对不确定性的管理过程。研发团队就是在用自己确定性的知识和规律，对抗项目中的不确定性。项目推进过程中的每一步，都是一局"比赛"，只不过这种"比赛"是单淘汰赛。只有当项目团队赢了一局（获得确定性的"可行"答案），"比赛"才能够继续下去。作为"比赛"的一方，项目团队天然想要晋级到下一局，甚至有"作弊"跳级的动机。这时候，作为项目管理方的"裁判"的水平和敬业程度，就成了决定"比赛"是否能公正合理地进行下去的关键因素。

基于项目每个阶段所要回答的问题和要解决标的的不确定性，需要制定每个阶段通过的标准，作为下一阶段研发工作开始的依据。如果某个阶段达不到通过标准，"裁判"就应该及时喊停，及时止损，节省研发资源，进而提升整个研发体系的效率。

对企业的研发和研发成果产业化的过程进行科学分类和划定阶段，同时明确每个阶段通过标准的工具或方法，就是Stage Gate（门径管理），也有企业称作Toll Gate（关卡）。市面上有标准的商业化的Stage Gate资料和培训，也有很多企业针对自己的业务特点，按照同样的原理，自行设计的标准化过程管理节点。基于Stage Gate原理设计的项目管理体系几乎是所有大型科技企业的标配（叫法可能各有不同）。

以下引自网络公开资料：

市面上流行的新产品开发门径管理流程主要由阶段（Stage）和关卡（Gate）组成。与之前的流程相比，门径管理流程中的阶段定义和排列并无新意。虽然此前也有流程模型要求在每个阶段末期进行评审或决策，但只有门径管理流程开创性地把关口独立出来与阶段并列，并且作为重要组件存在于整个新产品开发流程中。关口被放置在每个阶段后独立、显著的位置，要求得到强制执行，关口的决策属性也得到了强调。此外，还在门径流程中设计了把关者（Gatekeeper）这个专门的角色和专门的关口会议（Gate Meeting），由把关者通过关口会议，在关口处作出决策，通常有通过、"枪毙"、搁置、重做4种决策，对通过的项目进行优先级排序，配置所需资源。

在门径管理流程中，划分出的阶段数量可根据具体情况进行调整，这也使得门径管理流程的适应性更强。因此，门径管理流程一经推出就受到众多企业的推崇，被美国、日本、欧洲的企业广泛用于新产品开发。近年来，越来越多的中国企业也在采用门径管理流程。

S0发现—S1筛选—S2商业论证—S3开发—S4测试和确认—S5上市。

G1创意筛选—G2二次筛选—G3进入开发—G4进入测试—G5进入上市后审查。

关于Stage Gate的评审，有两种操作方式，第一种是自下而上的评审，由项目团队在合适的时候，自行提出评审申请，如果通过，项目将进入下一阶段；不通过，则继续完善补充。第二种是自上而下的评审，由管理方发起评审，并且根据评审结果对项目采取措施，若不通过，要么支持项目继续执行并给出整改截止日期和整改标准，要么终止项目及时止损。

以检验项目执行效果和查遗补缺为目的的评审，可以采用项目团队自发的评审。以项目管理和决策为目的的评审，应采用自上而下规定时间、规定地点、规定形式的评审，以预设的时间、预算、节点为依据，判断项目是否应该继续下去。正规企业一般采用定期评审（月度、季度或年度）的方式审查项目进度。

通过标准化的阶段性项目评审和管理，可以及时量化掌握项目的进度和状态，及时作出合理的管理决策，同时有利于项目各相关方对项目的认知保持一致，避免沟通过程中信息混乱。

在我国较为常用的项目管理方式一直以来只有立项和结题两个节点，其内在原因是忽视了研发项目的不确定性管理和探索本质，只把研发项目当工程项目来管理。外在原因是项目管理方的管理能力不足和免责心态：一方面，既懂研发又懂研发管理的双料人才一直以来极度缺乏，社会对研发管理技能重要性的认识也不足，导致有经验有能力的研发人才不愿意到研发管理岗位上发挥作用；另一方面，项目管理者缺乏投资管理的主体责任，往往以流程为先，而不是以结果为先。

传统体制下的研发项目本身也没有做到立项时的目的导向和探索导向，更多的是把研发项目的执行当作一个确定性的活儿来管理，强调的是完成既定的规定动作。从这个维度看，节省研发资源根本就不在考虑范围之内，更谈不上提升研发效率，在很多情况下，提升研发效率反而是"有罪"的。其中比较典型的"症状"就是研发预算的使用必须按照事先的计划执行，预算执行率低（意味着节省资源）的情况下，即便完成所有项目指标，仍然被定性为管理不善予以惩戒。经过大家的呼吁和各界人士的积极争取，虽然项目预算的管理增加了很多弹性，可以提出变更请求，但是对问题的定性仍然没有改变，这反映出管理部门对研发项目本质的认识仍然是错误的。

小　结

技术专家并不一定是合格的研发人才。

建立正确的知识和能力体系框架，是成为一个合格研发人才的前提。

研发过程有规律可循，可学可教，不必过于神秘化研发的过程。

研发管理层对于研发项目的管理，也有标准化的管理方法和工具。可依据普适性的研发规律评判研发团队的研发能力是否合格，探讨研发体系应该如何搭建。同时，也要依据项目管理的方法和标准，承担主体决策责任，定期审查项目进展，及时采取措施。

研发过程中的必要步骤和需要用到的研发管理工具如图8-5所示。

研发项目管理工具：门径管理

研发项目执行过程　　　　　　　对应研发工具

```
┌─────────────────────┐
│ 第一步：确定三方认可的 │  QFD
│ 项目目标              │
└─────────────────────┘
          ↓
┌─────────────────────┐
│ 第二步：筛选有效的备选 │  头脑风暴、TRIZ
│ 技术方案              │
└─────────────────────┘
          ↓
┌─────────────────────┐
│ 第三步：拆解技术指标， │  鱼骨图、思维导图、
│ 确定技术难点          │  CTQ  Flowdown
└─────────────────────┘
          ↓
┌─────────────────────┐
│ 第四步：筛分关键影响因 │  Screening  DOE
│ 素                    │
└─────────────────────┘
          ↓
┌─────────────────────┐
│ 第五步：建立影响因素的 │  Optimization  DOE
│ 关系函数              │
└─────────────────────┘
          ↓
┌─────────────────────┐
│ 第六步：确认关系函数有 │  Validation  DOE
│ 效性和设计指标能否达到 │
└─────────────────────┘
          ↓
┌─────────────────────┐
│ 第七步：确认技术方案的 │  FMEA
│ 实用性和有效性        │
└─────────────────────┘
```

全程覆盖的风险评估

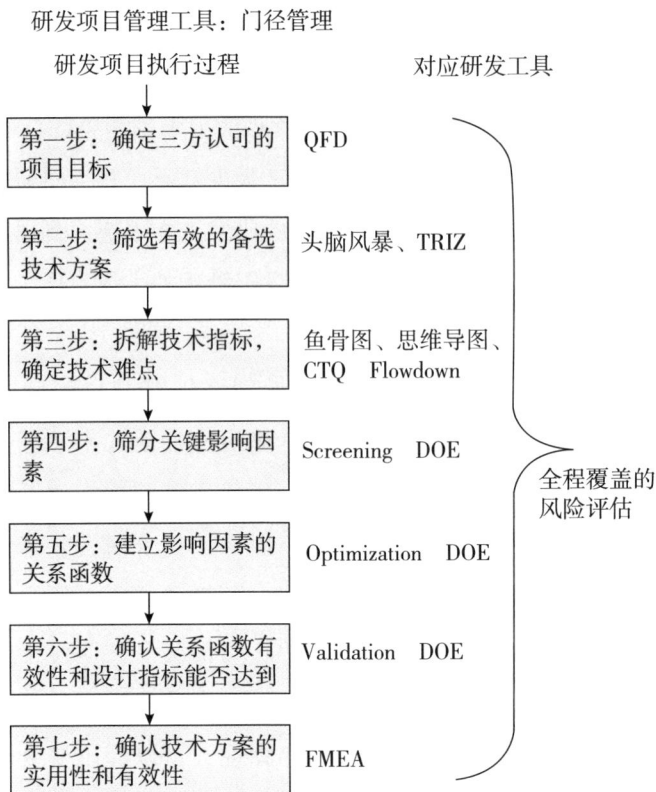

图 8-5　项目研发管理工具

第九章

研发人才及其角色

CHAPTER 9

企业员工所承担的任何任务，无论大小，本质都是一个个围绕工作目标的"选择题"，只不过是根据目标自己出题自己做。过程由评估目的、收集信息、形成选项、做出决定等内容组成。

通过分析"出选择题和做选择题"的心理过程，我们得出员工需要具备的六大基本素质（见图9-1）。这些要点也与某大型跨国公司对员工的要求不谋而合。

（1）善于变换不同的视角思考。

（2）有强悍的逻辑推理能力。

（3）以终为始的思维方式。

（4）发自内心地尊重他人的想法。

（5）有充足的工作动机。

（6）有深厚的专业知识和技能。

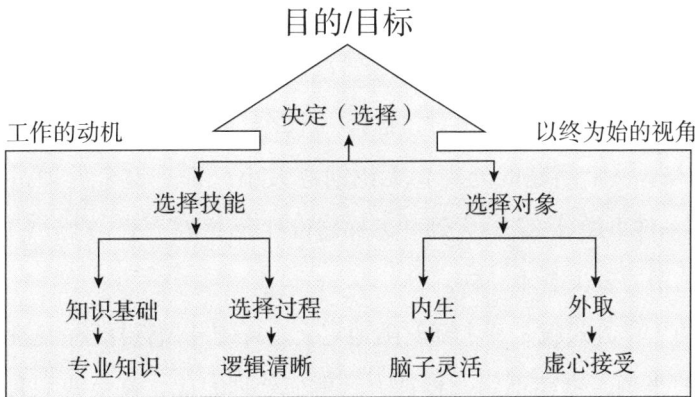

图9-1　员工需要具备的六大基本素质

好员工的标准

我们经常能从各处听到各种关于好员工的标签，积极、主动、合作、勤劳、乐观……大家能列举出很多好词儿，仔细一看，都是凭主观感觉的形容词。但从日常感官上看，很多牛人犀利刻薄，难道就不是好员工了？

做研发凡事要有逻辑依据，得有客观、可学、可复制的标准。

既然是员工，那就要站在企业的角度来对其进行评判。有利于企业发展、具备解决企业需求的能力和特点，就是企业要寻求和培养的人才。这些能力和特点具备得越多的人往往就越有价值。

企业是复杂的有机体，有各种各样的需求，需要不同的能力和特点。我们要从一家企业内在共性需求的角度去理解什么是好员工。

回到企业员工的日常工作方式，每个员工都是一个节点，一件件事儿在不同的员工之间流转，当事儿到达员工手里的时候，可能会用到员工的体力或脑力。因此我们可以将工作分为：体力工作、脑力工作、体力+脑力工作。我们日常所谓的好员工的讨论，除非特别说明，一般也是指脑力工作的部分，所以这里我们重点讨论脑力工作如何发挥作用。

当大脑遇到一个需要处理的问题时，第一步是对这个问题的所有相关信息进行提取。这些相关信息既可能来自外部（通过观察、阅读、听取……），也可能来自内部（通过思索、回想、联想、推论……）。第二步是运用逻辑对所有相关信息进行加工比对，基于目的，脑子里形成各种各样的备选路径或方案。第三步是通过思虑比对，选择一个最佳的方案形成结论。结束之后，大脑会进入下一个问题的处理。无论问题大小，都是这个处理过程，小到"起床后第一件事做什么"，大到"怎样建设社会主义"等。对于不同的问题，大脑花费的精力多少会不一样。

大脑的工作方式就是一个随时随地定义选择题并做选择题的过程。

简单的小事，可能不到一秒钟大脑就能处理完成，甚至我们自己都没有觉察到。比如我们去上公共厕所，到了门口会想一下自己是男是女，瞄一眼标志进行判断，根据男性进男厕、女性进女厕的逻辑，做出决定，迈步走向正确的厕所。这些都在电石火光之间完成。如果情况稍微复杂一些，比如中间有残疾人厕所、母婴室，或者厕所的标志比较奇特，就需要大脑调用额外的判断力和记忆信息，对新奇的标志做解读和判断，决定进入哪一间厕所。这时，大脑需要处理的逻辑就复杂了一些，需要的时间和精力就多了一些。

复杂的事，比如怎么能让宇宙飞船到达火星并安全返回，可能就需要无数的科学家和工程师收集无数的信息，做出超级复杂的逻辑推理，经过很多年，做出各种大大小小的判断和决定，形成一个最终的选择：如宇宙飞船的终版设计。

有些事看似是简单的二选一，背后却包含无数复杂的选择和判断。就像"诺曼底登陆"那一刻，气象条件与盟军计划的不一样，登陆作战有可能失败，作为盟军统帅到底要不要在那一天发动登陆作战就变成了一个问题。进攻或不进攻，看似是个简单的二选一，实际上每一个选项背后都是由无数的细节和层层推演累积而成。

员工的能力和价值的大小，就在于其在面对企业里各种各样的问题时能否定义出并选出最有利的那个选项，即便是决定放弃或不思考，也是大脑做出的一个选项。

我们一生处理问题的质量高低，累计起来就是我们一生价值的大小。员工在企业事务议题上处理结果的质量好坏，累加起来就是员工对企业的价值。因此，一个在生活中很有能力的人也必然是一个很有能力的员工，背后的素质是一样的。

那么，我们回到最原始的大脑处理一个个问题的过程中，去了解有能力的（或者说有潜力的）员工应该具备哪些特质。

做选择题需要三个基本元素：选项、目标、逻辑。

第一，当我们还不知道什么选项是正确的选项时，能定义出来的选项越多，从中选出最佳选项的可能性就越高。

第二，要以目标为导向展开思考，目标越清晰、明确，达到目标的可能性就越高。

第三，逻辑推理能力越强，越有可能把各种选项信息利用好，从中选出最佳选项。

下面，我们针对这三方面分别展开讨论。

（1）关于选项。

首先，我们的大脑需要储备足够多的知识，这样在相关问题出现的时候，才有可能调出相关的信息。这应该很容易理解，没有学过化学的人看到塑料不可能想出聚乙烯、聚丙烯等，更不可能想出哪种塑料怕热，哪种怕油，适合什么样的加工方式等信息。

其次，大脑调用了最直观的信息之后，能基于信息之间的联系，不断地调用相关信息，或者能不断变换视角建立信息关联。如图9-2所示，作为对比，如果我们看问题的视角总是比较狭窄，不能转换视角，那么就会比别人少看到几方面，每方面的衍生信息就又少了几个方向。经过几次累计，与别人的差距就非常大了。

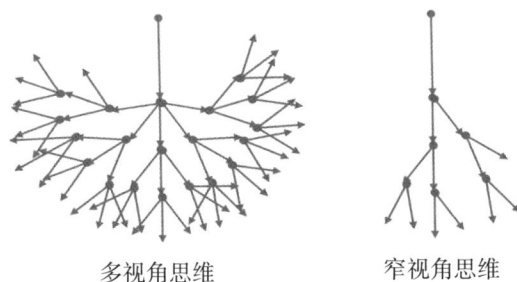

多视角思维　　　　　　　窄视角思维

图9-2　不同思维模式下大脑中的信息图谱

因此，在同样基础知识储备的情况下，是否具备多个视角看问题的能力，在这个维度上就决定了一个人的发展潜力和工作能力。而在实际情况下，视角的多寡也会影响一个人对知识和技能的学习能力和掌握程度。因此，技术知识的基础与多视角能力是相互促进的关系，在同样的背景和资源的情况下，具备多视角思维能力的人的知识储备也往往比其他人要多很多。换句话说，多视角思维能力的提升，往往意味着学习能力的提升。所以，在这一点上，好员工的标准就是在任何事情上能从多个角度思考，并不断延伸信息链条。具备这样素质的员工，往往表现出思维活跃、知识面广的特征。这些人的好奇心也往往比较强，能想到更多的信息，自然也能想到更多的问题。

问题具有天然的开放性，只要是问题，自然而然就会引发对原因和办法的思考，原因有可能是更进一步的问题，从而一直延伸下去。因此，对问题敏锐的人具有天然的视角拓展能力、联想能力和较强的学习能力。

当我还在某跨国公司中央研究院做工程师的时候，经常参与新员工面试。其中经常有一个环节，领导对所有参加面试的候选人做企业介绍，之后总是会问大家有没有问题。我观察到一个很有意思的现象：只要是介绍完之后主动举手提问的人，最后基本都会胜出并成功收到offer，很少有例外。当时我也刚参加工作不久，并不理解背后的原因，只是觉得很有意思。后来才明白了其中的关系，是候选人问题敏锐的多维度思维方式在被评估中起到了积极作用。这里也要避免走极端，有些员工性格内向，不愿意当众提问，并不等于脑子没有在想问题。只是愿意把问题提出来的员工多获得了对问题的进一步交流和碰撞的机会，获得的信息会比不提问的人多。从这个角度来说，性格外向员工的成长速度在同等条件下会比性格内向的员工快，除非性格内向的员工在其他方面有额外的天赋或付出。

讨论到此，介绍的都是人从自己的大脑里产生信息和选项的能力，我们暂且称之为内生信息的能力。但是对于做选择来说，从哪里来的选项都是选项，并不一定非要是自己想出来的。从别处学来、收集来的信息都是有效信息。这种从外部获取自己需要信息的能力，尤其是从别人那里获取信息的能力，我们可以称之为外取信息的能力。

愿意提问和讨论并愿意倾听别人想法的员工，就自然获得了第二种获取信息的渠道。

人大脑的能力是有限的，当面对一个经验比自己丰富、知识储备比自己深厚得多的人时，愿意打开心扉，虚心求教，仔细倾听，就变成非常关键的获取有效信息的渠道。推而广之，我们的大脑只有一个，内生信息在面对复杂问题时，其信息量和能力永远是有限的。而所谓的外取信息的源头可以是无限的，我们身边可能有成百上千人可供我们去咨询和获取信息。因此，那些发自内心愿意接纳他人、尊重他人、听取他人的想法且能付诸行动的人，也就具备了得到很多有效选项的能力。综合前面的讨论来看，怎么强调愿意问和听这种素质的重要性都不为过。

因此，内生和外取信息的能力是成为好员工的潜力因素。内生信息的能力对应的是问题敏锐型的多维度思维方式；外取信息的能力对应的是发自内心地对他人想法的尊重。

认真处理收到的每一则信息，不带个人感情色彩，甚至主动挖掘各种来源的信息，这种心态对于高效形成和选出最佳选项以更好地达到目的至关重要。

从企业筛选新员工的角度看，内生信息的能力较为重要，也就是多维度思维拓展能力。因为外取信息的能力更多是一种态度，容易通过适当的训练和机缘获得，但是多维度思维是从小养成的基础思维习惯，如果候选人是个窄维度思维习惯的人则非常难以改变。日常工作中一个常见的现象是，技术大牛往往不怎么接受别人的意见。这是因为从别处获取的信息大多是他已经想到的信息，大脑得不到对于接收别人信息这种行为的正反馈和心理激励，久而久之，也就弱化了其外取信息的动力。所以，内生信息能力超强的人拓展外取信息的能力反而很难。

（2）关于目标导向思维。

区分目标（目的）和手段不是件容易的事。

我们所做的事大多是针对眼前的暂时目标，而暂时目标往往又是实现更大更远目标的手段。

正是这种目标与手段的双重属性，才导致很难有一个客观的标准来定义什么是目标。嘴上大家都说要目标导向，但是大脑无法自发形成判断一件事是不是目标的方法。

目标 VS 手段，是两个信息点之间一种关系的表述。

比如一个人有中风瘫痪的风险，研究发现高血压容易导致中风。那么，为了降低其中风的风险，就需要降低血压。在这一组信息中，降低中风风险是目的，降低血压是手段。人们发现吃盐多容易诱发高血压，那么少吃盐是手段，降血压是目的。在饭店吃饭，自己没法控制放多少盐，但自己做饭可以控制，那就自己做饭吃。这时候，自己做饭是手段，控制盐的摄入量是目的。依此类推，这种关系一直可以延伸到几乎无穷远。

因此，所谓目标导向的基础素质是，是否对两种事物（信息点）的相互关系敏感。

目标与手段本质上是因果关系（见图9-3）。我们通过对影响因素采取手段，以期改变结果，向我们想达成的目标靠近。

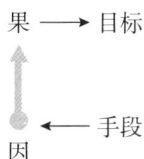

果 —— 目标

因 —— 手段

图9-3　目标与手段的关系

实际情况下，目标与手段的相互关系也不是一一对应的，而是多对多的关系。

在上面中风、高血压的例子中，我们做了高度简化处理。实际上，每一步的目的向下对应的因素并不是唯一的，因此手段也都不是唯一的，即每个目标有多种影响因素，也有多种手段可供选择。比如降血压可以吃降压药，可以放松心情，还可以适当运动锻炼等；减少盐的摄入量不一定非要自己做饭，也可以通过改变饮食习惯来改善。

反方向亦然，使用一种手段后，除了会产生我们想要看到的效果（目的），还会产生其他的效果。比如自己做饭，就可能导致消耗更多的时间、饭后洗碗等家务劳动变多等。

如图9-4所示，目标经过多层次的分析和剖析之后会有很多个信息点，它们之间的关系错综复杂。把这些点之间的关系一一梳理清楚，然后区分其中的直接因果关系和干扰因果关系，是最终找到达成目标最佳路径的前提条件。

当这些信息点刚出现在眼前的时候，它们两两之间的关系可能完全是未知的。以因果关系的视角，把这些关系梳理清楚的能力是解决问题，这是达成最终目标的必备素质（见图9-5）。

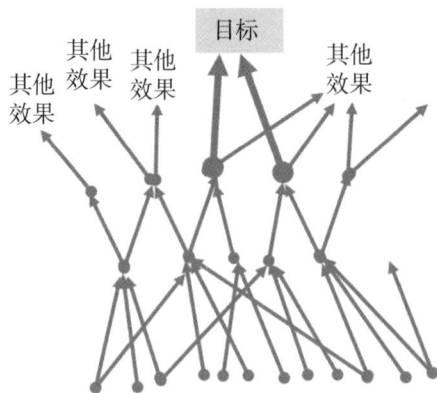

图 9-4　目标效果关系

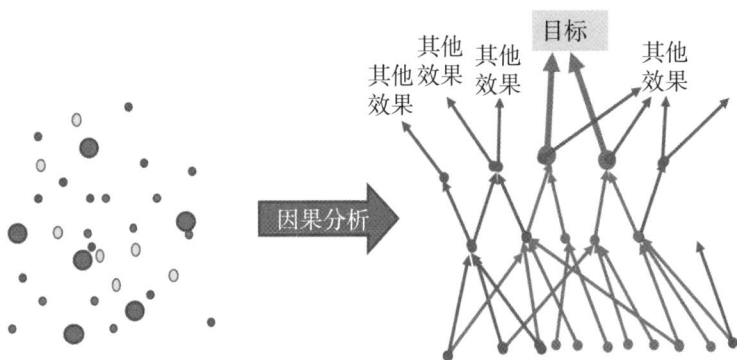

图 9-5　信息图谱

我们对于信息的分析和处理大多是以自身当时所在的时间和位置为出发点，逐步扩展视野。因此，对于上述这些客观存在的信息图谱和它们之间的相互关系，从时间、空间两个维度分析，在我们做判断时离我们越近的对我们的影响越大，如图 9-6 所示，对于最终目标的理解也受限于我们的视野，但我们的大脑并不会自然而然地意识到这一点。这就像我们没照镜子之前，自己看不见自己眼球的颜色一样。

客观上，我们当前考虑的因素和手段以及看到的近期目标，并不一定是达成最终目标的最佳路径或有效选项。要想达到最终的预期效果，我们就必须认识到这种客观思维的局限性，主动跳出眼前的视野限制，搜

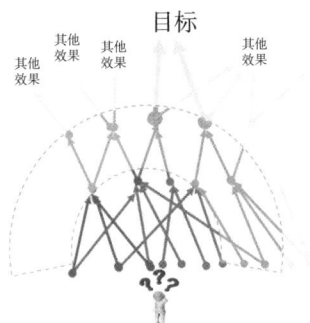

当我们面临实际问题时的视野

图9-6　视野图谱

寻更外部、更客观的信息和更靠近终极目标的方向。不断地追问，我们到底要什么？作为企业，我们到底要干什么？我们到底要怎么做才能达成目标？

作为企业的研发组织、研发团队，我们到底要创造什么？为了获得数据？为了做出一条曲线？为了发篇文章？为了凑个专利数量？为了结题？还是要最终为企业创造价值，从而让企业为社会创造价值？

企业员工也可以站在自己的工作岗位上问问自己，我们做某件事到底是为了得到什么？如果最终不能给企业、给社会创造价值的话，这件事还要做吗？还要这么做吗？即便是眼前我们个人或小集体得了某种利益，但是如果与企业的最终利益相违背的话，还要做吗？

当然，日常工作生活中，大多数事情没有这么黑白分明，但是企业中的每个人是否从以终为始这个视角去审视自己的工作态度和工作方式，是否把这种视角变成自己思维方式的一部分，对企业的运行效率和健康发展有天差地别的影响。

个人发展同样适用。养成以终为始地评判眼前的人生选择，永远做最长远最有利的事？还是只看眼前，过一天算一天，舒服一天算一天？

从目标导向思维的讨论可以看出，对企业更有价值的员工一定是一个对因果关系敏感，同时具有以终为始思维方式的员工。

因果关系逻辑体系的建立（因果逻辑有多种表现形式），是一个人从懂事开始的积累和练习，如果有缺失，则很难在短时间内建立。而以终为始的思维更多是一种视角的转换，相对容易调整。换句话说，从领导者的角度看，这是个相对容易解决的问题。

同时，因果逻辑体系的建立是个性化问题，每个人都不一样。而以终为始的思维方式和视角往往是组织的共性问题，可以通过管理体系和机制系统性地提升和改善。

（3）关于逻辑推理。

通过前面的讨论我们可以看到，如果员工具备了上面两个维度的素质，则在遇到问题时，所有的信息点会得到更充分的挖掘，信息点之间的因果关系会得到更完善的梳理。剩下的就是要根据已知的所有因果关系，做出判断和决定，制订具体的计划并根据执行结果和反馈，不断依据同样的策略改进和修正计划，直到目标达成。

我们上面提到，各种因素之间的因果关系的表现形式是多种多样的、动态的、量化的。员工是否能对各种逻辑关系有全面的了解和灵活的运用，直接决定了其是否能制定出最优的执行策略，有效地达成目标。在研发领域，利用前人总结的工具与手段归纳和整理量化关系函数是一种有效的提升手段。但是这些工具和方法也需要员工具备基本的逻辑分析能力，才能有效发挥作用。

（4）关于专业知识。

懂得相关的专业知识是大脑进一步加工信息和处理信息的基础，是所有技能技巧加工的"原材料"。

需要说明的是，这里的专业知识是广义的专业知识。比如，材料专家需要懂材料知识，但是企业里的材料专家还需懂企业运营的相关知识；项目负责人需要懂项目管理的相关专业知识；部门经理需要懂管理员工和培养员工的相关知识和技巧；组织负责人需要懂管理组织的相关知识和技能。

对于专业知识，懂就是懂，不懂就是不懂；学了就有，不学就没有。具备多视角思考能力和逻辑关系敏感的人，学习任何专业知识时的速度和质量都会比一般人高很多，而众多的知识面又会进一步打开他们的思路，丰富他们的逻辑体系（也是知识的一种），形成良性循环。

（5）关于工作的动机。

对于脑子活、逻辑强，我们已经做了详细的论述，那么干劲儿（动机）是怎么来的呢？

俗话说："无利不起早"，"无事不登三宝殿"。我们做事总需要一个推动力（动机）。要么是追求什么（正激励），要么是怕什么（负激励）。如果缺乏动机，就很难调动大脑努力工作完成任务。即便我们具备上述所有素质，也很难发挥作用。就像是我们有一辆好车，虽然车几乎完美无缺，我们却不一定能开着这辆车去上班，因为油箱里可能没油。

人也一样。人本质上是感情动物，追求好的感受，规避不好的感受。当一个人在过往的经历中有过非常不好的感受时，都会极力规避任何能引发不好回忆（比如恐惧或羞愧）的事情。如果一个人在之前的经历中有过非常愉悦的感受（比如帮助别人后的成就感或满足感），任何有可能重现愉悦感觉的事情发生，都能立刻让大脑兴奋起来，也会调动起双倍的干劲儿。

还有一种人，他们的人生没有什么大起大落，既没经历过什么特别高兴的事儿，也没经历过什么特别难受的事儿，一路顺顺当当。这种人是组织里最难管理的一类人，因为他们可能无欲无求。

从员工管理的角度，我们需要知道员工想要什么，才能把工作安排与他们的心理诉求相结合，发挥其最大的工作效能。员工的心理诉求可能千差万别，但是只要搞清楚他们追求什么就能做到有效管理。

个人的心理追求有五个层次，从甄别优秀潜力员工的角度，层次越高的员工，发展潜力越大，越值得企业培养。以下是职业与人生选择的五个境界。

第一级：娱乐爱好。

个人目的/动机：获得快感（高兴、放松、平静、舒服等）。

第二级：养家糊口。

个人目的/动机：迫于生计，追求安全感。

第三级：安身立命。

个人目的/动机：追求回报，以及富足的生活享受。

第四级：扬名立万。

个人目的/动机：荣誉感推动，追求卓越，追求社会地位，希望受人尊敬，或者追求自我认同（内向寻求认可）。

第五级：价值使命。

个人目的/动机：使命感推动，内向寻求认可，已超脱一己之私，悲天悯人，愿意牺牲自己服务社会。

所有具体工作都是大脑面对一个个问题时做选择题的过程。员工的素质，决定了其做选择题的质量，因而决定了什么样的员工才是好员工。依照以选择题的方式做决定而达到最佳目标的逻辑，我们梳理一下好员工的几个关键素质之间的关系（可参考图9-1），就能清晰地理解以这几种价值观来评价和筛选员工的重要性和合理性。

没有人是完美的，我们把自己或员工放到这个框架里去评估，是希望通过客观、系统性的梳理，了解如何寻找自己或员工的强项，如何发现自己或员工需要成长的地方。当事情不尽如人意时，了解到底是哪个环节出了问题，以便改进和提高。

以上的讨论都是基于静态和现状的分析，后续我们再基于此，从动态发展的角度，详细讨论一个员工的成长和培养过程。

研发需要什么样的人才

但凡负责过业务的领导都知道人才的重要性。如何招到合适的人，如何判断已有的人是否合格、适用，是企业的现实挑战。我们今天聊聊企业研发都需要什么样的人才。

研发也是职业，一个员工如果不是普遍意义上的好员工，就不可能是好的研发人才。

关于怎样招到和培养有发展潜力的好员工，我以后另文再讲，大家有兴趣可以自己找一下各成功大企业关于员工价值观的判断标准。比如GE的逻辑清晰、头脑灵活、有包容性、以终为始的视角、专业知识，当然还得加一条，做事有激情。员工在组织里承担的责任越大，对这几条的要求就越高。

除GE的好员工选拔标准，在此重点分析一下研发队伍中不同角色及对其核心能力的要求。上面讲到，企业研发是用知识去解决问题，所以我们从知识和问题这两个维度来分析。把这两个维度联系起来形成有机整体的核心能力是逻辑思考能力，下面我们单独提炼出来讨论（见表9-1）。

表9-1　不同等级研发岗位对应的要解决的问题、知识储备要求和逻辑能力要求

岗位／角色	研发岗位简述	要解决的问题	知识储备要求	逻辑能力要求
企业科技创新主管领导	企业科技战略制定者，设计和管理科技创新体系	基于产业发展现状，定义、设计并推动实施创新盈利的创新体系，推动创新体系与企业业务融为一体	深刻理解不同类型组织的创新体系，对创新体系运作与企业发展之间的关系有丰富的经验和深刻的见解	深刻理解各种复杂业务活动（创新、生产、销售、服务、金融、业务安全等）之间的逻辑互动关系。精通研发决策逻辑链条（企业战略、研发强度、定位、技术方向、项目定义、项目管理、成果管理、生产衔接、二次开发）之间的量化逻辑关系。掌握大趋势逻辑，能透过现象看本质
研发组织负责人	研发组织架构流程制定者、运作者	以研发项目的运作规律为基础，正确定位研发组织，制定与业务部门的配合机制，设计合理、高效的研发组织结构和运作流程，让正确的人在正确的位置上面对正确的问题	对研发组织的成长规律和研发群体的角色分工有深刻的理解和准确的定义，精通人性	精通责、权、利的各种逻辑关系，精通架构（分责）、流程（分权）与奖惩（分利）之间的各种逻辑关系

岗位/角色	研发岗位简述	要解决的问题	知识储备要求	逻辑能力要求
研发管理负责人	投资策略和投资组合的决策者或管理者	从业务发展需要的角度出发，以团队的能力为基础，定义合适的待解决问题组合，制定组织的研发项目投资组合战略，配备相应的研发资源，最大化企业的投资回报率	对不同类型的研发项目及其成败要素有广博的经验和深刻的理解，熟悉行业运行规律和企业业务模式及产业定位	精通影响风险和回报的各种因素之间的逻辑关系，精准定性风险和定量回报
学术带头人或业务总监	研发目标决策者或设定者	能理解问题在时间、空间维度上的演化，在合适的时机抓住恰当的问题，确立对应技术领域的研发目标	掌握技术或行业历史规律和最前沿的信息，能做趋势性判断（预测知识）和技术布局	能理解跨领域的各种问题在不同时空的动态逻辑关系（如互动、演进等）
独立研发项目负责人或业务领域负责人	项目负责人	能根据业务需求定义、解决问题，对给定的复杂问题进行有效分解，拆解成多个有简单解决方案的简单问题，从而使复杂问题得以分解解决	掌握前沿专业知识，掌握行业动态	能熟练掌握并准确把握各种技术问题之间的逻辑关系（静态）
工程师或一般业务责任人	具体问题负责人	能识别简单问题并能判断问题产生的原因，但无现成的解决方案，通过已有的知识制定解决方案	掌握并熟悉专业知识、行业知识	找到确定性问题与不确定影响因素和已知的知识间的关系
有专业化分工的员工	简单研发任务的实施者	能根据专业或规则辨别问题，并找到可行的解决方案	具备基础的专业知识，了解业务运行规则	具备对确定性问题、原因和答案之间逻辑关系的思考能力
承担辅助性工作的基层员工	研发任务辅助者	能通过常识辨别工作中的一般问题	具备通用技能（读、写、算等），了解社会运行规则	有基本逻辑常识

表9-1列出了不同知识能力等级的人在体系中所能承担的角色。这里需要指出的是，每一级都是上一级能力的基础，如果能力和经验基础不牢，贸然跳到更高级别的岗位，就会出现"工作依赖嘴皮子、形象工程满院子、团队扯皮转圈子、实际效果花架子"的后果。

但是，也不能只强调经验和本级的胜任能力，每级还要能准确理解上一级的考虑维度和对自己及以下各级的影响，形成良性互动，才能不至于盲从和蛮干。

再者，即使是每个角色的能力都足够，但由于企业的本质是通过竞争提高效率，各级也要做得比同行更好才能为企业带来竞争优势和生存价值。

下面我们逐级解释一下各级面对的问题（职责）和对他们的知识与能力的要求。

（1）承担辅助性工作的基层员工。

这个层级的人需要能准确理解指令并依据基本的技能和工具将其转化为具体的行动，生成满足要求的结果。

（2）有专业化分工的员工。

这里主要指一个具体的工种或对具体事情负责，比如负责报销的财务专员、负责化学品管理的人力专员、负责入职流程的人力专员、负责生产过程的班长、负责实验装置的专员等。对他们的要求是熟悉相关规定和流程要求及具体的操作方式方法，了解各种要求背后的原因和判断尺度，在具体的合规性事务上进行把关和判断，能对照标准（广义）识别问题并给出行动建议（这些行动建议应该是已有或经过验证可行的方案）。他们需要具备判断确定性的问题、确定性的原因和确定性的答案之间的逻辑关系的能力（见图9-7a）。

（3）工程师或一般业务责任人。

作为一个能够独立工作的技术人员，这个层级的人应该全盘掌握与工作相关的、自己专业领域内的已有知识，或者知道怎么去查找。对于一个没有研发或创新业务的组织，这个层级的人可能就是组织里最资深的技术力量了。当产品或工艺出现简单问题的时候，其应当能对问题的重要性、影响方面和问题产生的原因做出合理的推断，根据行业知识找出合适的解决方案。

只要努力学习和参加适当的技术培训都应该能做到这一点。博士毕业一两年，或者经过六西格玛绿带认证的员工基本上处于这个水平。这个层级的人的典型特征是：当企业把问题交代清楚后，其对于解决问题的流程和思路会有清晰的了解，不需要帮助和指导，就能独立探索问题背后的原因，基于已有的知识体系解决简单的技术问题，即具备基本的"问题—影响因素—解决方案"的思维逻辑套路。这种核心逻辑能力是找到确定性的问题与不确定的影响因素和已知的知识之间的关系（见图9-7b）。

（4）独立研发项目负责人或业务领域负责人。

第一，独立研发任务的目标（所要解决的问题）往往需要负责人与客户（或更大系统的负责人）协商确定，知道如何正确、科学地定义一个问题。

第二，需要对问题进行科学的拆解，使一个复杂的问题拆解成多个具有明确影响因素的子问题，再把这一系列的子问题交给不同的团队解决。然后通过整合优化每个子问题的解决方案，最终生成项目的解决方案。所以这个层级的人的核心逻辑能力是准确地理解和管理带有不确定性问题间的关系，即问题与问题间的关系。换句话说，即准确理解和分析未知与未知间关系的能力（见图9-7c）。

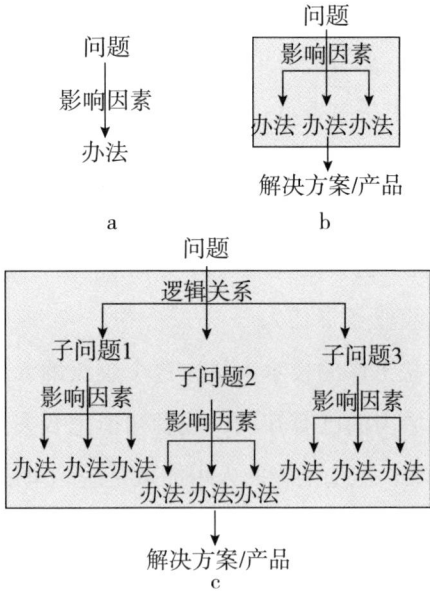

图9-7　职级与解决问题能力的关系

一个从大问题中拆解出来的子问题很可能还需要进一步拆解成更多的子问题（见图9-8）。需要拆解的问题层级越多，对负责人的问题拆解能力和技巧的要求就越高。这种能领悟多维度问题累进逻辑关系的人才很少，往往需要特殊的逻辑训练和多年的练习。技术大牛往往能把一个宏观的大问题迅速分解成多层次的问题体系，并找出问题分解树里的薄弱环节或风险点。

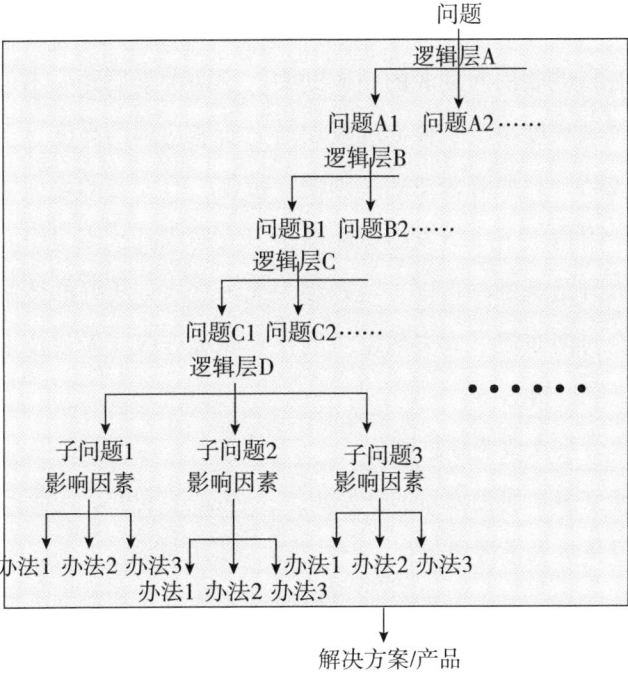

图9-8 解决复杂问题的能力

为什么现实生活中合格的技术大牛很少？有以下几种原因。

第一，具备这种能敏锐地理解未知与未知间逻辑关系且能与其他逻辑关系区分开的人员很少。就像我们一般很容易理解收益的量化，也能理解定性的风险与量化的收益。但是下意识地对风险形成量化的转化就基本不可能。能通过不同的风险形成量化意识，再形成不同风险之间的量化关系从而指导自己的决策和思维，就更是难上加难了，更何况是风险（未知）的多级分层量化。

第二，对于风险和不确定性有一套工具及方法论来梳理与量化，很多人不了解这些工具的存在，对研发能力也缺乏正确的理解，往往意识不到这些风险或问题的分析量化工具的作用和重要性。

第三，有互相的误解：不具备这种思维能力的人还意识不到能力的匮乏，具有这种思维能力的人不理解别人为什么不这么思考，更不会想到这是一种能力。只有极少数的人意识到这是一种能力，可通过培训获得、提升。

那么企业如果要选拔好苗子进行培养，如何识别出具有潜质的员工呢？其实，能力高低都取决于两种基本素质：一是有高度敏感、严密的逻辑推理能力；二是有打破砂锅问到底的钻研劲头。这两种素质缺一不可。而且，这两种素质的过硬程度决定了他们的发展潜力所能达到的高度。至于其他的软技能和工作技巧，只要有合适的"师傅"带领，有完善的培训体系，都可以在工作历练中习得。一个研发组织能取得多大的成就，该组织的人员整体素质、能力的提升是基础。否则，巧妇难为无米之炊，再好的体制、战略、计划和投入都会付诸东流。大多数组织的技术职称分级或者说技术职业发展路径都是基于这一逻辑。

（5）学术带头人或业务总监。

经过多年来多个研发项目的开发历练，一部分善思考、勤学习、好钻研、思路广的项目负责人慢慢地走到了一些技术领域的前沿。

这个群体掌握着某些技术领域里最前沿的信息，他们不一定是科学意义上的学术大牛，但经过多年的研发和经验积累，对一些应用技术领域的研究现状和整个行业的技术边界有了清晰的认识，对技术领域多年的演变过程也有了清晰的了解。

如果只是在一个领域干得年头多，经验丰富，并不一定能胜任这个岗位的责任，但对前沿和行业技术动态有一定的了解是基础。有了最前沿的信息，其才能基于行业的发展需求，结合技术领域里自己团队和竞争对手的研发活动，预测行业的大致发展路径，同时预测潜在的技术突破口，带领团队做到提前布局，同时能够评估成功的概率，从而评估研发活动的投资回报率以及对企业业务的促进作用。做到这一点，几乎就是一个具体技术领域里的高水平了。

换句话说，合格学术带头人或业务总监的核心能力是能正确定义未来的研发问题，帮助企业在业务上提前布局，获得超前的竞争优势。

（6）研发管理负责人。

研发管理的核心决策是通盘考虑企业的研发资源（资金、设备、团队能力等），在众多的项目计划中筛选出高性价比的研发项目给予立项，并根据每个项目的进展和新信息随时对项目组合做出调整，最大化企业在研发创新领域的投资回报率。根据行业周期和企业定位，形成合理的短期、中期、长期项目组合。既有利于企业短期盈利，又能获得长期的业务优势。

要胜任研发管理负责人这个角色，必须深度理解不同类型项目的核心风险，把控项目的技术风险和准确理解所要解决的业务问题的价值，同时还要对各行业的运行规律和自己企业的业务模式与产业定位有深刻的理解。这几条只要有一条的把控出现偏差，就会形成错误的项目投资组合，甚至出现项目开发很成功但业务很失败的情况。

研发管理负责人需要具备的核心逻辑能力是全面、准确地了解每种风险（市场、业务、技术、团队）背后的因素以及各因素之间的量化逻辑。

很多企业并没有设专职岗位来执行研发项目的投资决策和过程管理。如果企业业务足够单一，这个角色有可能由学术带头人担任。如果企业的研发部门不大，研发组织的负责人便有可能同时兼任投资决策者的角色。而更小的企业可能会出现学术带头人、研发管理负责人和研发组织负责人三个角色一身兼的情况。但不管如何在组织上分配这三个角色，它们背后的核心要素和逻辑是一样的。

研发组织负责人和企业科技创新主要领导的内容在第四章已有涉及，这里不再展开。

人才的选拔

企业在大学校园招聘或者社招年轻员工（以下统称年轻员工）时不会寄希望于其当前发挥多大的作用，而是希望其将来能成长为"大才"。

研发是个脑力活儿，招聘就是选头脑，面试就是测试头脑，可头脑是看不见的。这就需要我们通过一些间接的方式来获取我们想要的信息。

选拔年轻员工的人需要知道两件事：一是研发活动的本质和对员工头脑的要求；二是怎么判断员工是否符合要求。

这里简单总结一下考察员工的原则和技巧，可以分为四个维度：信息收集、分析判断、决定与执行、总结反思。

研发过程就是探索过程，每前进一步都是信息收集、分析判断、决定与执行、总结反思的过程，如此循环往复，不断向前。因此，对于员工头脑的评判，就是从这四方面去审查，以判断其是否适合做研发。

1.信息搜集：寻找信息全面、主动

我们平常做事有一个非常朴素的道理，我们了解得越多，事情就越容易处理，也越容易找到办法。可怎么能做到了解得多呢？一方面是我们事前是否已经积攒了大量的知识，一方面是遇到事情时，我们是否能做到主动搜集所有能搜集的信息。这看起来是两方面，其实从个人成长的角度是同一个方面：如果我们事事都能做到主动搜集信息，那么就一定已经积攒了大量知识。因此，从考察人才的角度，我们只需要考察员工在遇事之后搜集信息的态度和速度，就很容易得出结论了。

在面试新员工的过程中，我们可以让其讲述过去面对新挑战新任务时的处理过程，重点关注其对信息搜集的态度（是否主动、是否锲而不舍、是否广泛搜集）和搜集的方法与技巧（搜集的思路是否开阔、是否能查漏补缺、是否会使用辅助工具等）。其中，态度是原生的，是基础也更重要；方法是后天习得的，可以培养和训练。对于企业中现有的年轻员工，我们可以安排其做一项较困难的任务（但不要过于困难），观察其在未来一段时间的信息搜集能力，也是从态度和方法两个维度来考察。

在面试或考察的过程中，我们要杜绝个人对信息本身的喜好，重点观察员工的态度。比如有的人对正面信息比较敏感，对于员工搜集到的不利因素和风险信息下意识地有抗拒心理，就很容易忽视员工在搜集这些负面信息过程中的努力态度，反之亦然。

另外，在员工搜集到很多信息之后，根据其搜集到的信息种类，也就可以大致判断出该员工天生在哪方面比较敏感。比如员工汇报信息时给出的数字比较多，那么他可能对量化信息比较敏感；如果员工汇报时关于人或感觉相关的词句比较多，那么他可能对人际关系高度敏感；如果员工汇报时以推理的方式层层展开，那么他可能对逻辑高度敏感；如果员工汇报的时候比平时的讲话语速快、身体前倾，那就说明他对这事很在乎。

有些人汇报的信息很多，但是让人感觉没有头绪，乱作一团，容易让人以为该员工思维混乱、没有前途，这里要注意甄别图像化思维的人，他们有非常强的逻辑性，只是语言表达与思维很难结合。考察的方式就是，追问他问题的关键在哪里，如果他能很快指出关键之处，就说明逻辑没问题，只是图像化思维干扰语言表达。

另一个需要避免的语言表达误区是，员工可能并没有意识到自己搜集到的信息也是信息。比如员工在汇报一个项目方案时重点讲了设计参数方面的事，让人容易认为他对应用场景信息不敏感或考虑问题有局限性。但实际情况是，员工可能只是不觉得这个重要就没讲。但我们可以追问或诱导一下，问一个他没讲到的方面，并表示出自己有兴趣听，看考察对象是否能迅速给出该方面的很多信息和细节。如果顾左右而言他，或者只是泛泛而谈，那说明他真的就是没在这方面花心思。

2.分析判断：逻辑思维敏锐度高

分析判断的核心是寻找所有相关信息之间的逻辑关系。面对一项研发任务时，最重要的分析判断是：什么是目标？什么是限制条件？什么是影响因素？什么是我们能用的资源？什么是判断标准？对于不同概念之间的细微差别需要有相当的辨别能力。

越是复杂的技术问题，涉及的信息就越多，但每条信息都有它特定的位置，这就要求员工对信息的辨别要更加准确。举个简单的例子，我们经常饿了就去吃饭，对逻辑不敏感的人容易得出"饿了是吃饭的原因，吃饭是饿了的结果"的结论。而对逻辑敏感的人可能就会说，饿了就一定会吃饭吗？没饭的时候饿了也吃不上饭呀！有些人陪客户，不饿也会吃饭呀！综合考虑就会认识到，饿了只是产生吃饭这个行为的原因之一。这些生活中的常识，如果出现逻辑错乱，大家一听就会觉得非常可笑，但是导致这些逻辑错误的思维模式非常常见，而且往往符合人的直觉。曾经有人撰文指出，我国的基础教育里缺乏通识教育，或者说逻辑训练。一个非常复杂的研发问题涉及的信息和知识点可能成千上万，没有经过严格的逻辑训练或多年研发素质历练的人，很可能会犯各种逻辑错误。

3.决定与执行：不怕担责的心态

做决定并执行是一项非常关键的能力和素质。如果当前步骤下能收集到的信息和关系都已经收集到，就要向前迈进了。同样，做决定的能力也分为技能和态度两个维度。

技能容易理解，而且经过培训和训练也容易获得。比如有多个目标的时候，如何在不同目标之间进行取舍，往往有很多量化的决策工具来辅助决策。对于不同场景下的决策逻辑和策略，学过一次就不会忘，剩下的就是不断练习的过程。

态度这个维度往往被大家忽略。因为要做决定往往意味着要为决定的结果负责。有很大比例的员工群体，由于各种各样的原因不愿或不想担责，有的是性格原因，有的是环境原因，慢慢养成了不做决定的习惯。而由于不做决定，就自然而然失去了犯错和练习的机会，因而更加不敢或不愿做决定，形成恶性循环，最终导致做决定能力的完全丧失。

在面试中，企业常常会碰到这样的场景：面试对象把一件事说得头头是道，但当问到什么决定是他做的，却半天答不上来；在一个假想的场景下，能把方方面面都分析得很到位，问他下一步怎么办时，就开始顾左右而言他，生怕说错了，或者先说一堆免责的话，再说出自己的想法。有一类员工什么都知道，但就是要不断地请示，确保照顾到所有人的意见，自己不拿任何主意。这些都是态度问题（怕担责或不愿担责）造成的做决定能力的严重缺失。

4.总结反思：时时总结的习惯，不断反思的心态

其实没有任何决定是在信息100%完备的情况下做出的，而是需要根据信息的不断获得，时时反思，时时调整。

无论多么微小的决定（如到小区门口便利店买瓶水），都是在信息不全、带有一定假设的情况下做出的（便利店可能停电关门了，这无法预知）。这就需要对结果总结反思，以验证假设的心态不断决定、不断总结，以获取更多的关键信息，直到达到目的。我们可以把每一步的小决定按照反思验证的方向去做，然后不断练习做决定的有效性和效率，从而获得完成任务的最佳路径。

人才的成长和培养

我们经常听到人们争论，一个人的成就取决于天赋还是努力。有人说，天赋和努力都很重要，两个都有最好了。可问题是，有天赋的人稍微努力就会有较好的结果，他们哪里来的努力的动机呢？

研发团队经常讲的一句话是：项目需要更多的支持。如果你问需要什么支持，经常听到说需要更多的资金资源。如果追问需要多少，你几乎肯定可以听到的回答是：越多越好。

十年前我在一家外企工作，利用闲暇时间帮研发中心管理"小点子"基金，用于支持一些本地工程技术团队提出的技术创新想法。一年支持二三十个点子。年底盘点时，我发现一个有趣的现象：资金越少的项目被执行得越好，往往能达成预设的风险验证目标，项目顺利推进到下一个阶段；资金越多的项目往往难以聚焦，无法达成目标，点子就此"死"掉。

有一个项目非常典型。有个风能团队的工程师来找我要一笔钱（14000美元）来验证一个点子：在风机叶片里预埋一个应力检测器，通过跟踪叶片的变形应力来实时感受风力的变化，再通过风力的变化实时调节风机电机的出力，可以让风机多发电。他需要这笔钱来买应力检测器并把它埋到叶片里去做一个实验，看看控制过程是否能实现。

我当时正好有空，追问了一番，于是就有了下面的对话。

我："听起来合理啊，有啥技术问题或风险需要验证呢？"

工程师："风机叶片受到的风力是否能用这种方法测出来。"

我："准备怎么测？"

工程师："弄一段风机的叶片，在上面嵌入应力检测模块，然后用机械装置施加外力使它变形，然后看应力检测器是否能实时给出量化的值。"

我："哦，那得多长时间？"

工程师："估计得几个月。"

我："应力传递是个简单的物理过程，到底哪一步你不确定？通过风力和叶片的物理参数就可以计算变形，通过有限元分析就能知道风机上哪个位置的局部变形量最大，而且可以知道变形的具体物理尺度，这种尺度的变形跟应力检测器的指标一对应不就知道是否能测？不用做实验！"

工程师："这个应力检测器设计用来测线性变形，我们的风机叶片的局部是线性加扭矩变形，不知道响应信号会是什么样。"

我："哦，那能不能做一个简单的小片样条，在桌面上用机械台人为控制样条的线性复合扭动，变形量控制在跟风机叶片一样的范围，然后把应力检测器贴上去，不就可以验证这个技术点了吗？"

工程师："好像是可以，其他的条件不是核心未知数，不影响结论。"

我："那这个简化的实验需要多少钱和时间？"

工程师："应该几天就可以了，材料费估计几百块钱吧。"

我："那好，你修改一下计划和预算，我批给你。"

工程师："好的。"

后来，那个工程师再也没回来找我。有一天我碰到他，问起此事，结果他说："我回去想了想，就用实验室的边角料把实验做了，结果符合预期，就没再去找你了。"

事后回想这件事，如果我当时没有多问几嘴实验的技术细节，就按他的计划和要求批给他钱（跟试图解决的问题比起来，14000美元微不足道），他一定就会去费力搭一个笨重复杂的实验系统，很可能因为系统很大而要测的应力很小，导致系统参数控制精度不够，无法轻易拿到高质量的数据，于是他又花好几个月优化他的测量系统，最后很可能由于测量系统无法稳定工作而放弃这个想法。

对比这个案例中的两个场景，我们会发现，资源充足恰恰是导致项目失败的罪魁祸首！可是为什么呢？

我们仔细思考就会发现，在研发项目里深入地思考，把要解决的核心问题识别出来，才是确定正确的项目执行路线图和正确计划的关键。否则，项目计划看起来再怎么完美，也注定会沿着错误的方向越走越远。充足的资源恰恰会使人的思想产生惰性，当资源（比如资金）不够的时候，人们就会被迫花更多的精力思考怎么把钱用到刀刃上，这时候才会思考到底刀刃在哪里，而找出刀刃在哪里才是项目成功的关键。对于那些以申请到项目资金为荣的人来说尤其如此。

作为企业的项目管理者和投资人，你以为给予团队足够的资源和信任就是支持创新，就会有更多的成果，那么现实一定会给你一个响亮的耳光！对于有经验和思考严谨的团队，足够的资源支持不会产生负面影响（但也不会有太好的影响）。但是在你不了解团队的品性和思维方式的时候，盲目的信任其实是管理的懒惰！

如果团队完全合格，思路也完全正确，给予更多的资源就一定是好事吗？答案是否定的，因为过多的资源反而对团队的决策造成了干扰，同时使投资人产生不切实际的期望，这些不合理的期望反过来又会对团队的决策造成更多的干扰。

我们以盖房子举例。盖房子的第一步是研究需求和土地勘察，确定合理的规划，如果一个合格的规划设计专家就能完成这项任务，而领导却派了100个专家过来，你认为规划会变得更好还是更差？甚至说，这规划最后还能出得来吗？

如果房子的建造过程中需要100个泥瓦匠，那么配备200个泥瓦匠能让房子盖得更快更好吗？大概率的情形是，为了把这200人安排好，避免互相扯皮，避免没活干的人捣乱，避免平均主义导致积极干活的人心生不满，工头几乎没有时间去真正管理项目的进度了。而且因为老板给了额外的支持，工头还得天天去跟老板解释为什么项目进度没有相应加快。

因此，对于一线的项目资源管理层来说，在团队的资金资源上盲目慷慨是扼杀项目的有效方式之一。

第十章

研发成果转化落地
挑战分析

CHAPTER 10

新成果的落地转化是对旧成果的替代，这个过程就像新旧时代更迭，在正确的时间、正确的地点，正确的"挑战者"以正确的方法、足够的资源，打败正确的对手。

挑战1——厘清问题与解决方案

研发成果转化挑战1：客户的具体痛点是什么，我们的创新产品（注意，不是创新技术）将来能否解决客户痛点？

首先，我们要知晓客户的头疼问题清单是什么，他头疼的问题都是什么原因造成的；我们的创新想法或产品试图帮他解决哪个问题；这个问题为什么到现在还没解决；为什么我们能解决。

其次，我们要站在客户的角度考虑在资源有限的情况下，他的购买优先级是什么；这些头疼问题的优先级排序是什么；客户为解决他自己的问题愿意付出多少钱。

再次，我们要从市场容量的角度考虑这样的客户会有多少。

最后，我们要知晓这些客户购买此类创新产品时的内部决策逻辑和过程是什么。

作为评审者或决策者，我们需要从项目团队那里审查对于这些问题的准备程度。

首先，团队是否有正确的问题清单来开启项目。

其次，团队是否有正确的答题方式或是否掌握了正确的答题方法和工具。

再次，团队对于正确答案的判断标准是否明了：这些答案我们有多大把握？有没有不可辩驳的证据支撑？

最后，团队是否有合格的"阅卷人"来给予及时必要的反馈。

回答这些问题时常犯的错误是：把假设当事实，把脑补当调研，把以为当严密的推理。

假设上面的问题都有了合格可靠的答案，那么作为决策者，我们需要回答：这些问题的答案能否支撑相应的产品（注意，不是技术）开发和生产成本？业务能否持续？投资回报率是否值得投资？本企业的禀赋特点是否具有竞争优势？

当我们对这些问题没有客观和满意的回答时，我们的方案或项目可能从一开始就不是奔着转化去的。

挑战2——开发领路人

研发成果转化挑战2：谁来代表客户主导开发过程？

任何组织、团队都有一个领路人问题，领路人最终决定了我们往哪里去，走什么路，最后能否到达终点，到达什么样的终点。

对于企业的研发项目，我们希望到达的终点是研发出的产品畅销，产生足够的利润，帮助企业发展壮大。

我们开发技术的目的是让客户能掏钱来买对应的创新产品。如果客户是某一个具体的人或组织（如军用技术或产品），那么最好的代言人就是客户自己。但如果客户是某一个群体，谁来代表客户群合适？项目碰到的任何与客户相关的问题都得有具体的人来回答。在项目中，谁才是那个最合格的客户代言人？这是需要思考的。

挑战3——阶段性成果

研发成果转化挑战3：技术目前发展到哪一步了，体现形式是什么？

研发创新有其内在的必然规律，不以人的意志为转移。技术开发过程按照下面的过程顺序可分为不同的阶段，每个阶段性的成功都可以称为成果。

概念提出—理论分析—原理实验—生产实验样机—生产工程样机—首台套试用—客户化订制—量产—产品迭代计划提出。

每一步有每一步特定的问题需要解决，而且每一步问题的答案是解决下一步问题的输入条件。只有了解了上述过程中每一步的特定目的和意义，才能合理安排资源和节奏，在合适的时间和节点寻找合适的人员，解决正确的问题。每一步问题的解决，都是向终点迈进了一步，都是一种成果。

不在研发领域工作的人（或者领域内的新手）往往并不知道不同阶段成果之间的区别，所以一听到成果就会产生莫名的联想和不切实际的期望。比如某项成果可能还处于早期阶段，而这时人们可能会误以为成果已经是一个成熟的产品，就会引发矛盾。

对于团队内部的成员来说，如果不能全盘了解整个开发过程，对自己团队所处阶段的成果做出正确的预估和表述，就容易产生成功就在眼前或认为产品创新太难不易完成的认知。

挑战4——追溯问题来源

研发成果转化挑战4：新产品的受益者是谁?

任何新技术或新产品的出现，必然是对原有利益格局的重塑。在新产品或新技术落地推广的过程中，有人得利就必然有人损失，这就需要我们正确认识并充分估计损失方是谁、损失多大、有什么反击手段。在清楚所有受损方之后，才能知道阻力来自哪里、有多大。在执行层面，我们可以根据利益受损方的可替代程度，尽量减少对方的损失。

挑战5——队伍链的建设

研发成果转化挑战5：成果转化的团队是谁（生产、采购、安全、法务、物流、人事、财务等)?

新技术的落地转化，就是从技术到产品的过程。从事过加工制造业工作的人明白，把一个产品顺利造出来并顺畅卖出去是多么艰巨的任务。

融资、投资、建厂（各种审批和评估）、建生产线、招工、搭建团队（生产、仓储物流、财务、采购、销售、人资等）、车间管理、业绩管理、生产产品、寻找客户、回款等，这中间的每一个环节都有可能掉链子，造成成果转化失败。那么，在成果转化开始之前，是否有一一对应的资源来支持？或者是否能找到懂得相应领域的业务支持者提供帮助？这些都是需要考虑的。

挑战6——明确市场定位

研发成果转化挑战6：客户细分市场怎么做？首发客户是谁？

产品生产出来了卖给谁？从谁开始卖？即便是合格的、有市场需求的产品，也需要被一个个地卖出去。第一个客户的重要性，怎么强调都不过分。

从第一个客户的购买原因、购买方式、购买过程、使用方式、使用感受和反馈中，我们能迅速地验证许多前期关于市场的假设，大幅降低业务计划的不确定性。因此，在把产品推向市场的过程中，团队需要仔细、深入地分析第一个客户会是谁，为什么是他，怎么去接触、深入沟通，可能出现什么状况，各种状况的应对预案是什么，等等。

很多客户的推销和接触成本都很高，一旦因为错误的假设选择了错误的客户作为第一单，很可能导致企业资金链（或信任链）断裂，进而错过市场（或决策）窗口期，甚至导致项目彻底失败。

事先的详细分析和预案并不能防止选择错误的第一个客户，而是能在最短的时间内识别出错误的第一个客户。在最短的时间内，以最小的代价认识到错误，并根据新信息快速调整，尽快转向更合适的第一个客户。

挑战7——团队建设

研发成果转化挑战7：怎么管理团队？

创新团队也是团队，团队负责人就需要有管理技能和体系。而创新团队往往思想活跃，对主观能动性的要求高，工作内容主观性强、高度复杂，因此，管理创新团队的复杂度远高于管理一般的业务团队。

当一个研发团队建立的时候，如果团队负责人不具备足够的管理能力，没有获得足够的帮助（管理能力培养和辅助），这个团队承载的成果将没有前进的可能性。

管理的核心是责、权、利的清晰和平衡，在管理能力或业务能力缺失的情况下，是无法在责、权、利这三个维度做出正确的理解和判断的。不合格、合格、优秀的团队负责人所带的团队具有显著区别。

挑战8——业务适配性

研发成果转化挑战8：创新产品所对应的业务适合本企业做吗？

如果企业有需求，可以通过投资推动自身需求得到满足，但不等于企业必须开展对应的业务。就像顺丰公司出资让大飞机公司开发适合自己业务的货运飞机，大飞机公司跟腾讯合作投资开发飞机与乘客的互动平台，腾讯投资发电设备企业开发适合自己数据中心的备用电源等。在这个过程中，为了能更好地配合和协作，企业自身也建立一定的技术力量作为推动力量并做一定的预研，这都很正常。但是，投资做创新跟企业亲自开展一项业务有本质的区别。混淆这两个概念，产生不切实际的预期甚至做出决策，后果都非常严重。

第十一章

创新文化——企业研发的助推器

CHAPTER 11

企业研发为什么需要创新文化

知识经济高速发展的时代，市场和客户对于产品和服务质量的要求越来越高，企业在激烈的市场竞争中为谋求生存，企业转型势在必行。创新是激活企业转型的钥匙，几乎所有企业都在高举"唯创新赢未来"的大旗，只有更先进的技术才能带来质量更高的产品和服务，创新变成了企业的生命源泉，以自身主体创新的确定性战略来应对未来市场的不确定性。

企业投入做研发是为了使自身能在残酷的市场竞争中脱颖而出，获得一席之地。然而，研发不同于其他业务类型，具有很高的不确定性，往往不可控、难评价、复杂度更高，对研发工作者的挑战大、要求高，对研发管理者的要求则更高。研发并非天马行空，是有目标地寻找机会创造可能性和确定性的过程，如何在不确定中得到尽可能确定的成果，人作为开展研发业务和输出成果的主体，如何充分发挥人的主观能动性，是企业研发组织面临的最大挑战。

所谓创新文化就是有利于创新的文化，是指在一定的社会历史条件下，在创新及创新管理活动中所创造和形成的有利于组织发起、推动和落地创新举措和成果的精神财富的综合，包括创新价值观、创新准则、创新制度和规范、创新物质文化环境等。这种创新文化要能激发人的能量、热情、主动性和责任感，来帮助组织实现创新的结果，达到快速发展的目标。在当今时代，创新企业文化是企业研发的不二选择，已经成为企业的核心竞争力之一。

创新文化的内涵

为了更好地理解和建设创新文化，参考文化的结构，首先将文化层层分解，在每个层面形成共识的基础上，分层推动文化的建设。根据企业文化四层次结构理论，可以将其划分为核心价值观层、制度层、行为层、形象层。

核心价值观层，即企业文化的核心，是企业和个人做出选择和决策的原始动机，这个动机又决定了企业后续一系列的行为动作，决定着企业未来的发展。核心价值观由于不可见，与成果的关系显得并不直接相关，往往会被忽略，实际却是最重要的，而且必须能够让员工产生强烈的认同感。

制度层，即组织和个人做出选择和决策的制度约束，企业的制度必须符合价值观层面的要求，才能与价值观融合发挥最大的作用，价值观在制度的加持下才能"生长"成"大树"。

行为层，即通过制定的规范为企业经营作风、人际互动、工作作风提供引导，是更具象化的描述。

形象层，即企业文化实体输出层，包含经营成果、产品、服务和品牌形象等，文化建设最终显示的效果都将体现在这个层次。

企业将努力在以上四个层次与企业内部员工和外部客户达成共识。这四个层次并非僵化不动，而是互相促进、循环往复的，企业可以通过形象层进行终极校验，如若企业发现效果不够理想，就需从前三个层次分析查找原因。

每家企业的业务类型、背景、发展阶段都不同，适应的企业文化也是不同的，应当避免拿来主义，类似成功企业的经验可以参考学习，但需结合企业自身的特点和发展阶段进行定制。创新文化作为独特的企业文化，组成结构与其他企业文化无异，最核心的区别在于价值观的区别。具体的价值观描述因企业而异，但核心思想基本无异，创新的本质是变革，在变化中赢得机会，敢于打破常规，不循规蹈矩，企业为了得到最大的机会才会投入大量资源进行不确定性高的研发工作，代价越大意味着挑战越大、风险越高，这就需要员工发挥最大的潜能和智慧。为了保障员工以最佳状态投入工作，企业研发组织需要最大限度尊重、信任员工，但并不代表员工可以很随意，员工的自由是有边界的，需要在边界内自由发挥，寻找最佳方案和路径。边界包含空间、时间和成本三个维度，有限的空间代表了以满足市场需求为前提，只做特定市场领域内符合企业战略的创新；有限的时间代表了要在最佳市场窗口期推出创新成果；成本边界则是以盈利为目标的企业创新必须考虑的成本因素。

总结来说，创新意味着主动拥抱变化，努力获取新知识、新产品，机会为先，同时又善于管理不确定性。企业的一切皆是由人创造的，如何在高度不确定性的工作中获得最优的成果？如何发挥人的最大潜力、作用？如何把个人的智慧凝结为组织的智慧？如何让人与人之间紧密主动地配合？什么样的组织氛围有利于人的发明创造？基于以上的思考，我们认为对于企业研发组织，建立员工与组织之间的信任是核心，只有互相信任，才能一心对外，全力为组织谋发展。在创新文化制度层面，企业研发组织需要基于边界包容主义的核心价值观来确定，与其他确定重复性业务的企业不同，制度既不能死板，又不能过于自由，避免过度烦琐的审批制度。在创新文化行为规范层面，企业研发组织同样要引导鼓励员工在企业战略内、在有限的时间和成本范围内大胆创新，行为有章法、有逻辑，避免杂乱无序。在形象层面，不同于企业生产单位，企业研发组织的创新产品存在个性化、定制化现象，待得到客户认可后，按照与客户达成共识后的商业模式进行后续商业交易，要与市场无缝对接，向客户展示的品牌形象应当与企业战略高度匹配。

创新文化建设与落地

建设企业文化的动机是在企业内外形成良性共识，最终目标是最大化提升企业经营效益，判断一家企业文化建设效果的方式即考察共识形成的效果如何。企业的运作实质上是由员工的无数个大大小小的决策支撑的，由于创新活动的不确定性与变革的本质，并非所有事务都有明确的规章，员工在做决策时无论是从组织利益出发，还是从谋求个人或小团体的利益出发，一个个决策叠加的效果最终都会反映到企业的效益上。企业文化的作用就是为这些决策和选择提供判断方向和原则，通过作用在人身上，共同追求企业经营效益最大化的目标。

企业文化建设简单来说是内化于心、外化于行的过程，有用是检验企业文化成败的重要标准。

值得注意的是，企业无论有没有主动建设企业文化，其都会形成自己的文化，关键在于这种自发形成的文化是否对企业发展有利。所以，企业在进行文化建设前，需要先对内部已经形成的文化氛围深入调研，基于企业战略判断哪些是对企业发展有利的文化，哪些是需要改进的文化，取其精华，去其糟粕，助力企业战略目标达成。

企业文化建设是一项系统工程，周期很长，可以以管理项目的方式、以解决企业发展问题的思路来推动文化建设工作。首先要确立目标；其次是组建企业文化建设领导小组，由企业最高管理者来领导，各部门明确分工、协同推进，统筹规划之后，按照计划执行；最后是检验收尾。企业要尽可能让较多的人参与文化建设过程，充分讨论，体现不同层面的诉求。其中，规划按照企业文化四层次结构，从核心价值观层、制度层、行为层、形象层，层层确立每层要解决的关键问题，围绕问题展开解决方案设计，根据方案内容关联相应主管部门进行分工，各部门对照制订实施计划并配合执行，完成企业文化四层次结构内容。

企业文化四层次结构内容（企业文化内容）确定后，便是面临文化如何落地的问题，如何使员工形成信念，最后按照企业研发组织倡导的价值理念和行为方式行动。因此，企业文化建设是一项人心工程。需要软硬结合方能"知信行"合一，遵循"宣贯—实践—沟通—再实践"的反复循环过程，将企业文化从研发组织、团队和个人三个层面进行举措的落地分解，以企业文化引领组织架构调整、流程优化、政策机制优化、团队建设、选人育人标准制定等，将企业文化渗透到企业内部人才培养、晋升、奖励、考核评估，研发管理，企业运营，流程管理等领域的方方面面。

宣贯方面的落地举措有制定员工手册，包含愿景、使命、核心价值观、企业文化建设历程和员工行为规范等；可视化宣传方面的落地举措有墙报、视频、微信公众号等；培训方面的落地举措有将文化融入新人培训、项目管理培训、领导层培训等。实践方面的落地举措有鼓励全体员工参与文化共创，从各维度提炼研发组织的文化金句，打造浓厚的文化氛围，鼓励人人都成为企业文化的宣传大使。沟通方面的落地举措有举办系列线下活动，如温暖人心活动、主题研讨会等。总之，所有举措都需要以人为本，标准制度的制定要体现尊重人、服务人、成就人，将组织和个人绑定在一起，使得员工在做每项决策时都能从对组织有益的角度出发。

创新文化建设的注意点

企业的根本是战略，基于企业战略进行企业文化创建，即企业文化必须服务于企业战略，可助推企业达成卓越绩效，形成战略导向型文化。

创新文化建设是为企业主业服务的，必须结合企业主业特点进行个性化定制，这样才能保障建设出的文化符合企业主业气质，对推进企业主业创造更多的价值起正向作用。

成也文化，败也文化，企业文化建设工作应当是企业的"一号工程"，需要一支德才兼备的人才队伍共同完成，必须由企业的主要负责人掌舵，由尊重和擅长人才培养的人力领导牵头执行，由清晰企业主业逻辑的业务领导参与，同时有一位流程专家全程参与保障后续文化落地。尤其是企业研发组织有其业务特殊性，研发主管领导的参与至关重要。

企业主要领导应当在企业文化建设中发挥榜样作用，要严格规避与企业文化内涵不一致的言行，主要领导一次微小的有悖企业文化的行为举止会对企业文化体系造成不小的影响。同时，主要领导在各种日常的大小抉择中要重视示范效应，注意符合企业文化导向，以推动良性共识的形成为目标，竭力维护和加强企业文化共识建设。

文化是人心工程。员工作为企业研发组织日常研发活动的主体，充分发挥人的主观能动性是企业文化建设的重中之重。以人为本是企业文化建设的核心，将企业使命目标与个人目标连接起来，打造命运共同体，将个人的力量智慧充分转化为组织的力量智慧，充分发挥调动企业价值创造主体的能力、激情、创造力，从影响人的思想决策到行为规范落实，打造高效、富有生命力的研发组织。

企业文化不是固定不变的，当企业内外部环境变化时，便需要同时推动文化变革。比如，当市场环境（如行业景况、客户类型）发生了根本变化时，当企业处于不同发展阶段时（如创业期、成长期、成熟期），当企业规模发生重大变化时，当企业的经营业绩每况愈下时等，都需要对企业文化进行及时调整，与时俱进。而鉴于打造共识的难度和复杂度，每一次调整要仔细论证、严密推进。

企业文化建设工作是一场持久战，不可半途而废，遇到不合适的地方要及时调整。基于此，凝聚人心、指引激励员工，以最佳的工作状态朝着正确的研发目标前进，创造出好的技术或产品创新成果，进而产生价值，提升企业的经济效益。

第十二章

研发与知识产权

CHAPTER 12

知识产权是研发活动的最重要产出之一，原意是知识（财产）所有权或智慧（财产）所有权，指人们因其智力劳动成果所依法享有的权利，通常是国家赋予创造者在一定时期内享有的专有权或独占权。

专利不等同于知识产权

专利只是知识产权的保护手段之一。

专利是一个国家的政府以行政权力保证专利拥有者在专利保护范围内专利不被其他人使用的权利。为了得到这种保护，我们必须缴纳"保护费"。如果某条技术路径被我们"上锁"（申请了专利），导致竞争对手无法使用只能绕行，并且这条路径恰好是最经济的路径，那么竞争对手就必须付出更多的成本（因为此路不通）。因此，专利的最终目的是增加竞争对手的成本，便于使我方独享最佳的技术路线，产出成本最低、最有竞争力的产品或方案。

所以，知识产权与专利的关系就像房子与锁的关系。如果你不想让别人进入你的房子，最直接的方法就是上锁，而且是把所有可能进入房子的地方（技术路径）都上锁，比如所有的门、窗户、烟囱等，如果墙上有破洞，最好也填上。另外一种方法是可以把房子周围用篱笆圈起来上把锁（多重专利保护）。

一个专利里的权利要求序列相当于一个套锁，从围墙（Claim1）到大门（Claim2）到房门（Claim3）到柜子（Claim4），再到保险箱（Claim5），层层递进。打专利官司就像是争夺对方的财宝，有层层挑战。如果你的目的只是要从对方的院子里穿过去，那么只要证明对方Claim1无效，不影响你的技术路线即可，无须费力气全盘否定对方的专利。在这里就可以理解单项权利要求的专利保护作用是非常弱的，除非不得已，一般不建议这样。

如果"上锁"无法有效保护你的"房子"，比如有些国家政府的知识产权保护力量薄弱，"撬锁"的违法成本低，或者由于客观原因难以发现"撬锁"行为（取证困难，常见于工艺条件类专利），那么更有效的方式也许是不要让别人知道你的"房子"存在（商业秘密）。因为专利申请（"上锁"）是一个公告天下的行为，如果这把"锁"的效果欠佳，那么非但不能形成保护，反而会告诉所有竞争对手这里有条路可以走。

软件和文字类的知识产权天然有发布和公告的性质，而且广而告之是获得收益的必然手段，无法用商业秘密的方式加以保护，因此必须"上锁"，即注册著作权。但是，由于软件的核心算法和源代码的识别难度大、代价高，申请专利或著作权的保护效果差，因此大多采用商业秘密的方式。

如果企业发现了一个可以"上锁"的创新点，可能形成知识产权保护，但是不确定该知识产权点是否真有经济价值，不愿意花钱"上锁"（申请专利），这时候就可以选择公开该发现，把它定性为公开信息，这样谁也无法就该部分申请专利。

最佳的方式是专利与商业秘密的组合战略，在可能的情况下既在"篱笆"上"上锁"，还不让竞争对手看清"篱笆"和"院子"长什么样子，让竞争对手无从借鉴。

防御性的专利就是在"房子"周围将来有可能"修路"的地方多上几把"锁"，这样即使我们自己不走这些潜在路径，也避免将来别人从这些地方绕过去威胁我们的"房子"（核心知识产权）。

知识产权有不同的类型和范畴，世界各国对知识产权类型的界定也有所区别。一般情况下，狭义的知识产权主要分为两类：一类是著作权，如文学作品、音乐作品、建筑作品、工程设计图等；另一类是工业产权，如专利权和商标权等。值得注意的是，随着社会的发展与科技的进步，知识产品的类型日益增多，原本局限于文学艺术领域的作品范畴也扩大到了与产业相关的软件等客体，相应的知识产权类型和范畴也有了一定程度的扩充，经营性标记权和经营性资信权等权利也受到越来越多的关注。此外，商业秘密作为一种无形的信息资产，具有价值性和信息性的属性，也是一种知识产权。

研发中的专利申请

　　研发活动中获得了先进的技术并不等同于就能取得专利权，将技术转化为专利，不仅需要把技术语言转化为专利语言，还需要对技术进行拓宽处理，才有可能获得有效保护。简单按照最优的技术方案进行专利申请，往往无法达到保护研发成果的目的，而且由于部分技术方案被披露，研发成果的价值也会大幅降低。此外，单件申请或盲目、零散地申请专利对技术的保护非常有限，竞争对手可以通过专利无效、规避设计等方式，直接或间接导致专利失去保护作用。而通过以核心专利、防御专利、外围专利、骚扰专利等既相互区别又紧密相连的专利组合形式，往往可以形成层级分明、功效齐备的专利保护模式，这有助于企业获得技术领域的专利竞争优势。

　　有一批企业和个人专门研究各产业链和新兴技术领域，在所有可能有经济价值的地方提前申请专利（"上锁"），形成路障，一旦有企业在开发产品的过程中经过这些点时，这些企业或个人（又称"专利海盗"）就会上门"勒索"。他们最常用的伎俩不是提前警告，而是等企业开发快完成（已经形成巨大的前期成本，无法放弃已经形成的技术路线）时才出现，对使用该技术的企业进行"勒索"，甚至等到产品已经上市产生经济价值时才姗姗来迟，一纸诉状告至法院。因此，研发组织在项目开始和执行过程中随时关注自己采用的技术路线的自由使用权至关重要！否则就会沦为竞争对手和"专利海盗"砧板上任人宰割的肥肉。

　　因此，一项智力成果完成后，其专利申请的类型、申请时间和区域、申请数量和规模的选择，除了需要考虑技术本身，还需要考虑市场、经济、时间、法律等多种因素的影响，这就需要制定合适的专利申请和布局策略。

　　此外，在专利申请上也存在一些常见误区：

　　第一，专利越多越好。目前社会上极常见也极严重的问题是衡量一家企业是否有自有知识产权就问其有没有专利。事实上，没有专利的企业可能有非常有价值的知识产权，拥有很多专利的企业也可能没有有价值的知识产权。

这就像没有锁的房子可能仍然是某人的房子，但一面挂了无数把锁的土墙也只是一面没人在乎的土墙而已。如果一所房子的产权清晰，一把锁就能保护住，那么多挂几把锁也不一定能增加房子的价值。同时考虑到挂锁的成本（专利申请和维护的成本高昂），在不必要的知识点上申请专利与在墙上挂锁一样，是非常愚蠢的行为。很多企业片面地追求专利数量，这会产生严重的资源浪费和行为扭曲。

第二，能申请专利就应该申请专利。在很多情况下，企业讨论是否申请专利的唯一标准是是否具有可申请性（即知识产权里有明显的新颖点，可以清晰地证明之前没有人知道，发明者是第一个知道的）。但是可申请并不一定有必要申请，甚至申请反而有害。在大多数情况下，如果这些新颖点不在关键技术路径上，并不能创造经济价值，那么花钱"上锁"就是浪费资源。还有些情况下，我们很难察觉竞争对手的侵权行为，导致无法用法律手段阻止，比如前面提到的工艺参数，或者难以从最终产品中体现的过程配方，我们无法取证来证明对手用了我们的技术。

在知识产权保护不力的国家和地区申请专利是非常愚蠢的行为，就相当于你花钱买了锁，还把你的房子大告天下，该地政府却对撬锁行为视而不见。

研发活动与知识产权关系

1.研发活动中知识产权的形成和运用

知识产权的保护对象——知识产品产生的三要素是被利用的公共知识、人类的智力劳动，以及被消耗的物质资料。在能同时将公共知识、智力劳动以及物质资料集中于一体的活动中，研发活动首当其冲。研发活动通过运用科学技术新知识或实质性改进技术、产品、服务等取得技术进步或突破，如果说工厂生产出来的是产品，那么研发活动生产出来的就是智慧的结晶——技术或成果，自然应该属于知识产品的范畴。研发成果的表现形式有可能是论文和专著、自主研发的产品或技术、设计图纸、研究人员的经验等知识产品，相应地，可能是著作权、专利权、集成电路布图设计专有权、商业秘密等知识产权的保护对象。将这些知识产品通过法定程序转化成知识产权，可以使研发成果变成独立的生产要素，从而获得社会化投入和收益。这能够进一步激励或促进研发活动产生更多创新，从而形成一种良性循环。

如何将这些研究成果转化成知识产权并实现有效运用呢？可以通过以下几种方式实现：

（1）研发成果获得以专利为代表的知识产权，又将获得知识产权保护的研发成果用于产品生产，并通过知识产权（如专利权）保护自己的商业利益和技术市场垄断权，这是生产型企业和生产型研发机构的典型模式。

（2）研发成果获得以专利为代表的知识产权，但不会将获得知识产权保护的研发成果用于产品生产，而是通过知识产权的出售、转让或许可，特别是通过出售和转让专利或许可他人实施专利技术获利，以维持研发工作和承担企业或研发机构的日常运作开支，这是纯研发机构的典型模式。

（3）研发成果获得以专利为代表的知识产权，既将获得知识产权保护的研发成果用于产品生产，又通过知识产权的出售、转让或许可，特别是通过出售和转让专利或许可他人实施专利技术获利。这是复合型企业和复合型研发机构的典型模式，事实上，这种模式是前两种模式的组合，因此其市场竞争力会更强。

此外，通过采购他人的知识产权或通过获取他人的知识产权使用权（如采购他人的专利或商标或取得他人的专利技术许可或商标使用权），来解决研发和生产中自身无法解决或无能力解决的技术难题或技术瓶颈以及产品缺陷，这是成长型企业或研发机构由于研发能力和新产品开发能力不足或知识产权储备不足而采用的较为普遍的模式。

2.知识产权对研发活动的重要作用

第一，知识产权对研发成果的保护和转化具有重要作用。知识产权的权利说到底是一种垄断权，其赋予权利人在一定时间内依法独占知识产权，不允许其他人复制、非法仿制、侵占等，这对实现研发成果的有效保护具有重要作用。而作为无形财产权，知识产权可以使研发成果通过使用、出售、转让、许可甚至维权等方式，为企业产生巨大的经济效益，从而促进研发成果的转化。研发成果的转化还能激发研发活动的主动性，激励或促进更多发明和创新产生。如今，越来越多的企业已经意识到专利、商标、商业秘密等的巨大作用，并逐步加大对知识产权保护的投入力度，从而帮助企业获取竞争优势。

第二，知识产权文献，特别是专利技术文献对研发方向的确定具有重要作用。研发活动需要确定正确的研发方向，而确定研发方向则需要考虑很多因素，例如，所属技术领域现状，市场竞争情况，待解决的技术难题或技术瓶颈，技术同行或竞争对手的研发状况和专利布局，甚至是研发的投入和时间，这些因素最终都有可能左右研发方向。想要在这些影响因素下确定正确的研发方向，往往需要专业人员进行大量的调研和分析，其中就包括对专利技术文献的研究和分析。

全世界大部分的发明和创新成果会出现在专利技术文献中。由于专利的地域性特征，绝大部分专利技术文献可以免费使用和借鉴。善用和巧用专利技术文献，可以节约不少研发时间和研发经费；甚至，通过专利技术文献的分析和调查，还有可能帮助企业发现竞争对手都忽视的技术空白点或创新点。针对技术空白点或创新点开展深入研究，有可能帮助企业适当绕开已有的专利壁垒，开发出更具有市场竞争力的技术或产品。

研发中的知识产权管理

知识产权管理的第一阶段是对研发成果的资产管理，第二阶段是将资产转化成产权的产权管理。那么，知识产权管理人员作为管理研发成果的关键核心要素之一，在这两个阶段发挥着重要作用。

实际上，本书所指的知识产权管理人员主要包括两类管理人员，即管理项目的项目负责人和专职管理知识产权的知识产权专员。

在知识产权管理的第一阶段（即资产管理阶段），知识产权管理人员中发挥主要作用的是项目负责人。项目负责人最清楚项目背景、研发方向、技术路线和研发成果的整体信息，他们在项目全生命周期及TRL各阶段根据具体情况进行知识产权资产管理。在知识产权管理的第二阶段（即产权管理阶段），知识产权管理人员中发挥主要作用的是知识产权专员，他们将知识产品产权化，结合技术保护、侵权风险规避、专利运营、维权等策略实施知识产权的价值转换。

作为知识产权管理人员，无论是项目负责人还是知识产权专员，都需要具备相应的管理思维和专业知识体系并形成共识。因此，本书提出了一个思路——知识产权管理人员可分为5个层级（见表12-1），我们应对研发活动的知识产权规划、策略、布局、保护、运营等有相应的认识和了解。

表12-1　　　　　　　　　　　　知识产权管理人员层级划分

层级	层级名称	管理思维	专业知识体系
1	初级	（1）为团队提供有效支持，能够提出有意义或者建设性的知识产权意见； （2）确保新技术专利申请的及时性、专利性和专利质量，并提供有效的专利保护策略	（1）熟悉知识产权相关概念，在知识产权管理和保护方面有一定的了解； （2）对于项目研发方向和技术路线有一定的知识技能储备
2	中级	（1）参与项目相关技术领域知识产权保护和运营，提出综合性的解决方案； （2）结合团队的意见和建议，整合组织内外部的专业信息资源，解决知识产权相关的复杂问题	（1）在知识产权管理和保护方面有一定的积累，并且对于相关实践认知有开拓性认知； （2）熟悉项目的研发相关知识技能
3	高级	（1）组织和协调项目相关技术领域知识产权的保护和运营，提出综合性的解决方案； （2）结合多个研发项目的情况，提供专利技术分析报告以及FTO报告中的风险点； （3）提供负责的研发项目的专利项目组合以及专利技术分析报告	（1）在知识产权管理、保护、运营方面有专业积累，并且对于相关实践有开拓性认知； （2）熟悉项目相关技术领域的研发相关知识技能

层级	层级名称	管理思维	专业知识体系
4	专家级	（1）组织和协调各研发项目或技术领域的知识产权规划、保护和运营，提供综合性解决方案； （2）提供重点技术领域的知识产权保护和运营报告以及完整的知识产权风险评估报告； （3）负责高风险领域知识产权的管理，提供有效的解决方案	（1）对所有知识产权专业技能融会贯通； （2）熟悉各技术领域的研发相关知识技能
5	资深专家级	（1）制定知识产权战略，提供指导和规划； （2）对组织层面的知识产权保护和运营起关键作用，提供专业意见； （3）提供知识产权年度报告以及各技术领域的知识产权风险评估报告	（1）在知识产权领域拥有专家级知识； （2）对研发的趋势和知识技能，以及相关的国内外政策有广泛的认识

第十三章

研发组织的构成
与考核激励

CHAPTER 13

CHAPTER 13

考核与激励的目的和初心是什么？是盈利。企业是一个独立的经济体，其内部的研发部门需要为企业服务，目的只有一个——通过技术创新提升企业的经济效益。因此，考核问题本质上是收益问题：直接收益VS过程中收益，最终目标VS阶段性目标。经济效益实现的路径有直接和间接两种，直接路径的典型例子就是通过优化方案，提升性能，降低成本；间接效益的典型例子就是名声好，例如，一家企业的研发能力很强，在行业内非常有名，这会大幅增加客户对企业的信任度，降低沟通成本。

所有间接效益都是以能实现直接效益为前提，如果一家企业的研发创新组织不能给企业带来直接的经济效益，那么所有间接效益就只能建立在想象之上，成为无源之水、无本之木。因此，一个高效的考核与激励机制，必须以有利于提升企业盈利水平为基本出发点。

研发组织里的各级负责人是研发团队和研发人员考核的第一责任人，必须对企业研发活动的内在规律和与业务活动之间的关系有深刻的理解，才有可能正确设计和操作考核与激励过程。研发创新由于其探索本质，有着天然的不确定性，对于研发活动的组织和管理都是围绕对不确定性的评估和管理展开。企业的研发活动本质上是对技术和市场不确定性的探究活动，通过专业人才的不断分析、假设和求证，开发具有技术壁垒的商业机会，这是一个高度复杂、对不确定性进行层层分解和层层评估验证的过程。

企业研发活动绝不是"研发就是做实验"。如果研发组织里的各级负责人对研发过程的本质不了解，就很可能制定出错误的考核方式，从而导致整个研发组织的工作产生偏差。

正确的考核和评价是正确激励的前提

直白地讲，激励就是奖惩，通过奖励正向的结果和行为，引导组织和个人向好的方向努力；通过惩罚负面的结果和行为，促使组织和个人远离坏的方向。所以，评判出好坏是奖惩的依据。为了提升研发效率，调动研发人员的积极性，对于研发人员的激励经常被挂在嘴边。但是行之有效的激励措施似乎是个大难题，在各种科技体制改革的讨论中总是被当作核心挑战和难题之一。其中经常忽略了背后隐含的考核问题。考核是因，奖惩是果，如果不把因讨论清楚，果的讨论就失去了逻辑依据，当然就成为难题和挑战了。所有的激励难题背后都是考核难题，因此，本章的内容将围绕考核展开。

责任是整个考核体系的核心

有一种说法：考核考的是结果。这其实是不准确的。结果本身是客观存在的，准确的逻辑过程应该是通过衡量和评估结果，考核产出结果者的优劣。就像我们通过对苹果质量的评估来评判苹果树是不是合格。我们不会用苹果的质量去评判梨树，因为种下梨树的目的就不是长苹果，这既不是梨树的责任，也不是我们的期望，只有苹果树才有责任长出好苹果，我们也期望一棵好的苹果树长出好苹果。作为奖励，我们会悉心照料产出好苹果的苹果树，为了将来获得更多的好苹果；作为惩罚，我们会把不符合预期的苹果树砍掉，腾出位置种另外的苹果树。

按照这个逻辑，我们再来看看几个考核相关概念之间的关系：谁来考核，考核谁，考核什么，怎么考核。

在苹果这个例子里，谁来考核？是农民，农民作为投资者，需要看到结果。考核谁？是苹果树，苹果树得到了农民的投资，有责任有义务结出果实。考核什么？苹果的质量，也就是结果，是农民作为投资者想要的东西，苹果树有责任产出农民想要的东西。怎么考核？考核苹果的好坏。当谈到好坏的时候，自然就会隐含一个概念，与什么作比较或者说标准是什么。从农民的视角，他对于一棵苹果树的产出一定有一个心理预期，高于预期就是好，低于预期就是差。从考核者的角度，最朴素的逻辑就是结果高于预期还是低于预期。那么矛盾的焦点就演变成标准或者说预期是什么。说清楚了基于责任的结果衡量标准和预期，就说清楚了怎么考核这个问题。

所有的考核最终都要落到个人的业绩上去，成为对每个人奖惩的依据，因此，考核的对象是人。每个人在研发组织和研发流程中都承担一个具体的角色和岗位，对在岗位上的人的评价应该是基于对岗位的要求评价人的业绩是否符合要求。脱离岗位的要求，泛泛地讲评价和考核没有任何意义。

研发是一种职业，对于职业的考核就是基于岗位职责（即目的），考核在这个岗位上的人是否高效地使用了被赋予的权力和资源，产生最有利于企业的结果。所以，整个考核体系的基石是企业所有岗位的权、责定义体系。我们只有厘清整个研发体系中所有岗位和岗位所对应的角色，以及各角色之间的分工和相互关系，才有可能正确定义每个岗位的责任，从而基于责任建立正确有效的考核体系。因此，企业内部所有研发岗位的定义是整个考核体系的基石，包括岗位职责、权力和能力要求。

总结来说，与职责对应的叫考核，即事后看行使权力履行职责的结果；与能力要求对应的叫考察，即事前看考察对象所具备的能力和态度。考核是为奖惩做准备，考察是为分配职责、任务做准备。

研发体系中的重要岗位角色及其考核要点

在之前的章节中，我们系统分析了研发体系中的岗位和角色，只有理解了这些岗位、角色的作用和内在逻辑，才有可能设计出正确的考核维度和考核方式，所谓的薪酬与绩效体系才有意义。基于这些不同的岗位，我们分别分析一下它们的考核要点。

下面，我们从低到高讨论研发体系中不同岗位的考核要点。

1.技术员或初级工程师：简单研发活动的实施者

岗位职责：根据指令完成研发活动，例如，按照要求完成某设定实验，给出可靠的实验结果并做简单的数据分析，评估数据的可靠性。

从工作考核的角度，要重点评价给出的信息和数据是否准确可靠，是否可以作为判断的依据。对于项目中具体问题的判断、分析和解决，以及解决问题的方向和可能性的判断，由更高一级的岗位来实现。对这类岗位的员工不宜要求太多，除非是抱着培养和锻炼他们的目的。不过，如果他们在给出可靠数据和信息的基础上，还能提出有价值的参考意见，那他们的表现就是超出预期。

从考察的角度，这个岗位上的员工需要具备胜任所安排工作的专业技能和对数据认真负责的工作态度。

2.工程师：项目分解任务的负责人

岗位职责：基于自身的专业技能和工作经验，负责项目中与自身相关的相对独立的研发任务。通过自身的判断力，把任务所要解决的问题合理定义、拆解，找到解决思路并组织资源，验证和优化自己的技术思路，最终给出解决问题的方案；或者基于专业能力的判断力，证明所负责的问题超出现有技术发展范围，在项目周期内无法解决，形成可靠结论供项目组决策。

从工作考核的角度，要重点评价工程师的结论是否可靠。如果其负责的技术问题得到解决，要评估其给出的解决方案是否符合项目的整体要求（性能、成本、适用性等），而不是自以为是地认为"解决"了。如果给出的结论是"该问题无法解决"，要评估该结论是否可靠，论证过程是否严密，是否可以作为项目继续向前或调整的决策依据。

从考察的角度，在这个岗位上的员工需要展现出对项目总体目标的理解能力和基于此对所负责问题的准确理解和定义的能力，与项目其他任务建立联系并交叉验证的能力，对问题的分析拆解能力和寻找解决方案的能力，可以归为以下三个维度。

一是从更大的系统出发统筹考虑的视角（与之对立的是以自我为中心的视角和态度，或者缺乏目的导向的工作态度）。

二是建立逻辑关系的能力。通过因果拆解寻找并分析所有影响因素，找到各因素之间的相互逻辑关系，识别出解决问题的路径。

三是对结论负责的态度。日常工作的内在主线是得到结论，随时随地评估现有信息，寻找局部论断并为所负责的任务导出结论努力（与之对立的是不断展示工作内容和工作量，但是不能说明任何问题，也不知道如何支撑最终结论）。

六西格玛方法体系中的最低绿带要求，对应独立研发工程师的基本研发能力清单，因此GE一度对入职员工的最低要求是一年内通过绿带认证。

3.独立研发项目负责人

岗位职责：对项目的结果负责。一是能正确定义项目目标，即结合决策者的意见和对企业业务的理解，通过合适的工具和沟通手段，准确定义出项目的所有技术指标要求（量化及权重）。二是能正确拆解项目目标，拆解成一个个支撑项目的研发任务，并将研发任务分配给合适的任务负责人，明确任务目标并阐明各任务之间的关系。三是能根据项目所获得的所有资源合理安排进度，生成明确的进度管理机制。四是能在项目执行过程中随时收集项目各维度的信息并合理传递信息（向上和向下），把握项目的前进方向并根据需要随时做好调整的准备。

从考核的角度，重点评价项目负责人所负责的项目是否达到预期（目标）。包括目标是否正确设定、目标达成的质量（低于、符合或高于预期）、资源使用是否合理（是否存在浪费，消耗过多资源等）。这里需要注意的是，达到预期并不等于达成技术指标。研发项目设立时的目标高度依赖于设立的时机和当时的决策因素，而项目负责人作为掌握信息最多的人和项目的承接方，是研发目标设立的参与者，不是被动的接受者。

因此，设立合理性的研发项目目标也是项目负责人的责任之一。随着项目的进行，根据项目的进展和获得的越来越多的信息，随时评判项目目标的合理性，并与决策人展开有效沟通，做出最有利于企业的调整，也是项目负责人的职责所在。因此，符合预期包括对研发目标的动态监控和沟通调整。如果只是被动地接受任务，项目负责人从上岗那一刻起就已经失职了。

技术开发项目或基础研究项目具有内在的不确定性，对于基础性研发项目负责人的考核很容易掉入"以技术成败论英雄"的误区。高效可靠地证明项目技术路线不可行，也是一个符合预期的项目结论，如果项目负责人通过聪明才智在消耗极少企业资源的情况下就能证明项目的技术路线不可行，那就是超出预期。

而对于产品开发项目，在技术风险已经排除的情况下，产品开发是否成功全部受人为因素影响，更多是考验项目负责人的管理和组织能力，因此产品开发成功与否就是项目负责人考核的核心。

从考察维度，项目负责人一方面要具备为项目结果（定义和达到）负责的态度，一方面要具备管理项目高效执行的能力。项目执行的能力包括正确定义目标的能力，合理分拆目标的能力，管理进度的能力，所需要的技术判断力，对业务的理解能力和沟通能力。

企业的发展、转型和产品战略落地需要靠各种各样的项目来实现，项目负责人是研发体系中最基层的管理单元的领导者，是整个研发战略顺利实施的落脚点，因此对项目负责人的培养、考核、考察和管理是管理工作的核心。因此，对项目负责人实施管理的组织或人员的水平高低，直接决定了企业研发体系的效率。在六西格玛方法体系中对黑带的要求一一对应项目负责人的能力要求。

岗位4至岗位6没有必然的上下级管理关系，岗位4和岗位5侧重于事，即研发作为业务活动的管理；岗位6侧重于承载研发的人和组织的运行和管理。在一个研发体量巨大的企业中，岗位4、岗位5、岗位6各自都会有多个级别。

4.学术（技术）带头人或领域技术总监：研发项目目标判断、设定

学术（技术）带头人更多是提供技术的认知，帮助设定科学合理的技术目标，是软性考核。由于其对技术理解的权威，其往往有很大的发言权，但是不承担组织责任。如果在技术能力的基础上，能承担起项目决策和立项的责任时，即成为技术总监。

岗位职责：根据对行业技术趋势和发展前沿的判断，结合企业业务战略和开发需求，从TRL和业务价值两个维度，评估本领域内研发项目的目标是否合理，并做出相应的调整决定。在项目执行过程中，根据项目中所获得的信息和外围的信息更新，随时评估所管辖领域内各项目目标的合理性和有效性，并做出相应的调整。

从考核维度，基于给定的资源池和决策范围，重点评估该带头人在本领域内项目布局的有效性和合理性，是否能做到高效布局和分配研发资源，对企业的业务需求做出有效支撑，形成一定跨度的短中长布局的投资组合，既

能保障短期的业绩支撑，不断推出有效支撑业务的研发成果（有效性），又能为长期机会的捕捉设定探索和筛选机制，形成技术梯队，能做到可持续的有效产出。在项目执行过程中，评估其是否能通过动态管理，始终保持投资组合的高效、合理，最大化企业在该领域的投资回报率。

从考察维度，在具备技术判断力、能设定项目技术目标的基础上，要承担技术决策责任。要结合企业的业务方向，设定自己技术领域内项目的布局和项目目标，对企业的业务发展形成支撑。需要既懂技术，又懂业务，拥有技术投资决策能力。对于基础研发部门的技术总监，对本专业的学术前沿知识掌握的要求更高一些，要能判断早期技术的难点和风险点。对于产品开发部门的技术总监，对业务需求的技术提炼能力要求更高一些，需要更熟悉产品所用技术的发展前沿。

这个岗位的人需要具备做决策的能力和态度，对于技术投资有自己的投资组合逻辑，并能根据外界情况随时做出调整。从认知的角度，除了领域内的技术知识积累和技术深度，还需要掌握几项核心能力：一是熟练应用TRL的判断标准；二是有效识别技术特点（需要了解企业内外的技术前沿）；三是准确判断业务需求和价值；四是有效识别团队的能力与项目的匹配性；五是精通技术验证的逻辑过程。

5.研发管理负责人：推动研发投入决策（策略和布局）的形成和共识，设计和维护研发管理制度

岗位职责：设计和运行有效的流程，形成制度，建立管理基础设施（如数字化管理手段），设计出合理的研发资源和赋能支持体系，推动整个管理体系的有效运作。职责具体包括：第一，生成规范高效的立项决策全套机制和保障项目高效执行的过程管理全套机制（涵盖人、钱、事三个维度）；第二，使用有效的管理和组织变革手段，推动规范和管理机制落地并有效运行，使企业的研发投入产出最大化，对企业业务形成有力的支撑。

从考核维度，要评判其是否能根据企业所处发展阶段和所在市场的业务特点，设计出符合企业实际情况的、合理的研发管理体系，并能推动和保障研发体系顺利运行，最终产出业务成果。具体如下：第一，保障企业内关于

技术方案与业务需求的信息能高效流动和匹配，形成大家都认可的投资方向和投资组合；第二，保障投资方向和组合能有效落实到具体的立项决策中，形成高效的研发项目群；第三，确保研发项目的全生命周期得到有效的管理（立项、定义、计划、执行、调整、结项、转化），保障研发项目的产出。

从考察维度，研发管理负责人需要是研发管理专家。

首先，研发管理负责人要熟悉研发项目决策的逻辑，能设计合理的项目立项流程。

第一，明确技术需求产出流程。明确责任人、流程（时间、地点、事件）和产出结果，根据业务发展的趋势和战略，提炼出短期、中期和长期的技术需求，并明确技术需求对应的业务价值（即商业价值）。

第二，明确备选技术方案清单产出流程。明确责任人、流程（时间、地点、事件）和产出结果，归纳整理出可能的技术方案备选清单，提炼出各技术方案的潜在技术特点，并准确判断出各技术方案的TRL。

第三，明确技术与需求对接的流程（组织者、参加者、对接方式、时间、地点、场景等）和产出结果，归纳整理出一系列的潜在可投项目清单，并保证每个潜在项目有开发目标和备选技术方案。

第四，明确项目决策流程。明确决策人、决策范围、决策权限、决策标准、时间节奏等（如设计项目评审过程，包括评审人、评审方式、评审结果输出格式、评审结果的使用方式等），归纳整理出符合企业利益的项目立项清单（即技术投资组合），明确每个项目的预算、负责人、目标和考核方式。

其次，研发管理负责人要熟悉项目的执行过程，能设计合理的项目管理流程和体系。

第一，在项目启动后，项目负责人能顺利组建项目团队（任务拆分、所需人才确认、人员与项目匹配），能设计出运行流畅、结果合理的人员与项目的匹配流程。

第二，项目开始执行后，设计合理的项目过程管理机制（频次、节点、方式、内容），保障项目的进展信息能及时与立项决策人保持同步，使得项目立项决策人能根据项目执行中获得的信息和外部信息，及时对项目的执行过程给出反馈。

最后，研发管理负责人要能对项目立项决策人和项目负责人所应该具备的项目管理能力（项目内部管理）设置能力模型和标准，能识别出相关岗位人员的管理风格和能力不足，并设计、匹配相应的赋能机制（核查、培训、辅导等）。

作为研发管理负责人，在具备研发管理专家的能力基础上，还需要具备组织运作能力，承担研发体系高效运行的责任。能结合企业的发展阶段和组织现状，把设计合理的项目立项机制和项目执行管理机制落实成具体的管理实践和制度，并负责维护机制的良性运行和不断优化。

6.研发组织负责人：研发组织架构和管理流程的设计者、运作者，研发人才梯队的建设者

根据研发组织负责人的职责大小，可把研发组织分为两类：

A型研发组织，作为企业研发流程中的一环，承接业务侧具体的研发项目或研发任务，只负责研发项目的执行，不承担任何立项和决策职能；

B型研发组织，作为相对独立的研发体系，内部包含完整的立项决策流程，独立（或基本独立）地管理整个组织的研发预算和组织发展，即具有完整的人权、财权和事权。

我们这里重点讨论 A 型研发组织。B型研发组织相当于一个独立的研发体系，内部同时包括一个或多个 A 型研发组织、岗位4（技术带头人/总监）和岗位5（研发管理负责人）。

对于 A 型研发组织的负责人，其核心职能就是打造和维护一个人才群体，包括前面所介绍的岗位1至岗位3的人才梯队，以及其他的外围辅助性岗位（如实验室管理、安全管理等），将他们有机地组织起来，高效承接企业里符合自身能力定位的研发任务。由于所有研发任务都是由组织里的技术人才具体完成，因此所有技术人才的能力和效能综合起来就决定了整个组织的效能。作为组织负责人，其职责就是把组织建设和管理好，提升组织效能，因此对整个组织效能的考核，就是对研发组织负责人职责的考核。

由于研发组织发展阶段不同，研发组织负责人的工作重点（即考核重点）

也就不同。研发组织的发展有几个阶段：筹备期、启动期、稳定发展期和突破升华期。其中，筹备期和启动期考核的主要是研发组织负责人的领导力，评判依据也主要是组织发展的进展和质量，并非企业内部的运营日常。因此我们在这里的考核和考察，主要针对处于稳定发展期的研发组织，即各方面机制健全、人才队伍已经稳定的研发组织。

A型研发组织负责人的岗位职责主要有：

第一，依据企业发展需要，合理确定团队规模；第二，依据相关业务的发展趋势，对组织里的技能结构进行动态调整或转换（人员调配、技能转换、学习型组织氛围营造等）；第三，对组织中的人才结构时时评估并分门别类制订人才培养计划，形成健康的各领域人才梯队，并在必要时向外输出合格的研发技术人才和研发管理人才；第四，把所辖技术人才匹配到合适的项目中；第五，推动组织内部不同人员的工作状态评估，根据反馈做出有效调整，保障研发资源在项目中发挥最佳效能，最终最大化所辖研发组织的研发产出。其中，第一项至第三项是组织发展内部职责，为组织在企业中发挥作用打基础；第四项、第五项是组织的对外职责，是研发组织存在的价值。

从考核维度看，对A型研发组织负责人狭义的考核只看职责中第四项、第五项的结果；广义的考核要看所有职责的结果，其中第一项到第三项是组织有效运营的基础。

从考察维度看，A型研发组织负责人不但要是所管辖团队的专业方向上的专家，或者有足够的判断力，还要对技术人才的评估和成长有深刻的理解，从而能做到评判组织里每位员工的技术能力水平；识别每位员工的发展潜力，并能制订合适的成长计划（或淘汰计划）；熟悉各类项目中相关技术岗位对于承担人员能力的要求；将组织中的人才资源匹配到最佳的岗位上，从企业需求的角度最大化人才的价值；了解企业的业务和发展方向，能从中提炼出合理的技术人才资源需求；制订出合理的团队发展计划。

B型研发组织往往是一个复合体，组织内部拥有完整的人、钱、事的决策权，是一个独立的体系，很多情况下，一个B型研发组织可能包含多个A型研发组织。B型研发组织负责人直接面对的是企业的其他职能，需要决定整个组织的运营模式，以更好地适应和融入企业的业务生态，那么B型研发组织负责人就天然地具备对内和对外两方面的职责。

对内职责：B型研发组织负责人对研发体系的运行负责，因此首先需要设计出合理的组织架构和流程，架构代表了组织内部不同岗位和责任的划分，流程代表了岗位之间的合作方式，或者说在责任划分基础之上的分权方式；然后，研发组织负责人需要设计在分责分权基础上的运行过程（流程的起点、终点、过程和时间地点设计），通过这些运行过程，保障研发体系所获得的资源（往往代表运行经费）能得到高效的使用（决策＋执行）并最大化成果产出；最后，要把这些成果告知出资人（产业部门或产业部门的代言人），换取产业部门的认可并使其持续投资研发体系。

对外职责：负责维持与企业其他业务或产业部门的紧密联系，维系机制化的工作关系，持续获得产业部门的投资，并保障有价值的成果产出给产业部门；通过设计合理的机制和流程，让产业需求能高效地流向研发体系，同时研发体系的技术能力和构想能与产业的需求高效对接，使产业部门与研发体系能高效协同，共同发力，支撑企业在市场中的竞争力。B型研发组织作为一个完整的研发体系，即使是完全独立运作，也仍然是企业业务构成的一部分，并不能脱离企业而独立存在。因此，对外职责，即维系与产业部门的良好高效的协作，是B型研发组织负责人的核心职责。

在企业内部，基于整个研发体系的不同规划，可能有一个或多个B型研发组织，共同支撑企业的业务发展，其中最常见的分类就是基础研发组织与产品研发组织两类。

从考核维度看，根据职责的分类，也分为对内职责部分和对外职责部分。对内职责考核主要看体系的运行是否顺畅高效，其中的主要关注点是：第一，职责体系是否清晰明确；第二，权力分配是否合理；第三，流程是否清晰流畅；第四，通过组织内部的高效协作，是否有高效的成果产出到产业部门。对外职责考核主要看整个组织与产业部门的协同是否顺畅高效：第一，产业的需求能否顺畅地传递到研发组织里并高效分发；第二，产出的成果能否有效对接产业需求，对产业发展形成有效支撑；第三，在研发项目执行的事前

（立项）、事中（执行）和事后（成果转化）阶段能否与产业部门高效沟通，及时形成共识，携手共进。

从考察维度看，B型研发组织负责人胜任本职工作所需要具备的能力和素质也分为对内和对外两部分。对内，需要熟悉和深刻理解岗位1到岗位6，通常来说，合格的B型研发组织负责人往往需要有岗位1到岗位6的工作经验，而且在每个岗位上的工作都需要是合格的，任何一个岗位实操经验的缺失，都会导致其有认知缺陷，从而给B型研发组织的运行带来风险。在此基础上，合格的B型研发组织负责人还必须熟知群体管理的各种管理技能和方法，精通组织心理学，情商和品行俱佳，熟悉企业管理的逻辑，从而能带领整个组织健康发展。这里需要指出的是，对内的能力部分主要来自其研发生涯中的经验和能力积累，对外的能力部分其实是任何一家企业的高管都应该具备的，并非研发组织负责人独有。

从考察维度的能力需求分析看，真正合格的B型研发组织负责人在现实生活中如凤毛麟角。因此，企业里选拔B型研发组织负责人时更多是看谁更接近理想候选人标准，如果候选人某方面有缺憾，则可以看是否能通过架构和机制设计予以弥补（如多个岗位设置交叉补位）。即使无法找到理想的领导，但只要企业决策者能正确认识这个岗位的重要性和要求，能比竞争对手选出相对更优的负责人就是胜利（即不用做到完美，比竞争对手强就可以）。

7.企业创新主管领导（即研发体系设计者和监管者）：企业科技战略制定者，科技创新体系设计和管理者

简而言之，岗位7某种意义上是具有研发专长的企业整体战略设计者之一。

在企业的不同发展阶段，岗位7的存在方式不同；岗位7是企业的核心决策岗位，身兼岗位7的企业领导人一般情况下在企业的职责和影响力往往都不限于研发。在这里，我们仅从研发这个视角分析岗位7所必须具备的能力。

岗位7是企业内部研发体系的终极考核者，由于其企业内部核心决策层身份，身兼岗位7的领导人的岗位职责无法被从企业内部考核。但是，企业作为一个整体，必须接受市场的终极考核，即"生死考核"。如果一家企业的核

心竞争力来自技术领先（或者自身市场定位为科技型企业），那么承担岗位7的人的能力和素质将直接决定企业的生死。

岗位7职责：根据企业所在行业的市场特点（短周期VS长周期，充分竞争VS政策驱动，效率优先VS安全优先，行业早期VS转型期等）和企业在产业链中的定位（运营VS渠道VS服务VS整机VS零部件VS原材料等），设定技术在企业整体业务生态中的合理位置。根据技术在企业业务范围内的生态位和企业自身的发展阶段，设定合理的研发体系和运作框架。通过有效的组织运作和政治手腕，推动合理的研发体系优化并发挥作用，支撑企业的健康发展。领导整个企业技术战略的形成过程并对技术战略的有效性负责。

从考核维度，要评估其是否为企业制定了符合企业业务发展阶段的科技战略；是否将企业的创新体系与行业和社会的创新体系融为一体（人才、信息、资源、成果的高效协同），形成符合企业长远利益的创新生态；是否将业务与研发有机融为高效协作的整体，让企业所有部门和职能都有效地参与到创新过程中；是否打造和普及了正确的创新文化和创新知识，推动全员正确地理解创新过程；是否通过正确的研发体系架构设计承载企业的创新战略；是否通过合理的组织建设手段或岗位设置解决企业发展中面临的与研发体系相关的暂时或长久的挑战；是否为企业体系内不同定位的B型研发组织设定合理的功能定位和适用的考核机制。

从考察维度，胜任岗位7的人才首先是管理大师，精通组织运作的各种管理手段和政治运作手腕，否则无法推动组织的发展和变革；其次是行业内的业务专家，否则无法正确判断行业发展趋势和面临的重大挑战，从而无法形成对科技战略的判断力；再次，必须具有宽广的知识面和宽阔的视角，否则容易形成决策过程中的盲区；复次，必须洞悉人性，洞悉自身，否则容易被自己或他人的偏见干扰决策过程；最后，必须具备超人的胆识和决断力，岗位7参与的所有决定都会带来众多个体的命运改变或严重的业务后果，如果不能做到意志坚定，就容易感情用事、优柔寡断贻误战机，或者自身无法承受压力从而影响工作。企业的规模越大，业务越复杂，对于这几条的要求就越高。

岗位7在企业创业期和成熟期的表现形式差别很大。上述的描述更适用于成熟的规模较大的企业。

对于创业期企业，企业创始人往往既是企业的商业领袖，也是企业的技术领袖。如果难以兼顾，往往由一个商业合伙人与一个技术合伙人共同组成，双方带着原有的成功能力基因，与企业共同发展，共同建立对企业所在市场的深刻理解，一个从商业的角度，一个从技术的角度，如果他们两个人（或者一个人的两个方面）成功闯关并建立认知体系，那么企业会逐步扩大规模，其中研发的职能也会逐步扩展并形成完整的研发体系。在这个过程中，早期的研发队伍一定非常小，一个人很可能会同时兼任从岗位1到岗位7的多个职责（身处其中的团队不一定意识到这一点）。合格的岗位7往往是企业存活下来的核心原因（绝大部分的创业企业会被市场淘汰），这里需要注意，在某个阶段合格不等于一直合格，企业存活到某个阶段不等于能一直存活。至于具体承担技术研发的人员，很容易从市场上找到，但是只有合格的岗位7才有可能知道企业当下需要雇用什么样的技术人才，知道怎么才能找到合适的技术人才，并建设一支合格的技术队伍。

对于很多技术大咖（这里指可产品化的技术大咖，绝对不是学术技术大咖）牵头成立的创业企业，随着企业发展壮大，他们自身作为企业的掌控人或CEO，会一直兼任岗位7的角色，而且是企业的核心竞争力所在，很难被替代。

对于商业大咖牵头成立的企业，是否能成为存活并成功的科技型企业，取决于是否能找到一个与其配合无间且深度信任的技术大咖，而且该技术大咖需要具备自我学习并成长为管理大咖的能力。企业发展过程往往考验的是人性，两个人能各自认清自己的能力界限，配合无间、亲如兄弟，利益划分双方满意且对未来的预期和企业的治理理念也高度一致的概率太小，因此，这种组合下能成功走到最后的机会非常小。大概率会发生的事情是企业发展到一定阶段，技术合伙人得利离场，企业重新寻找一位合格的岗位7人选，但是是以职业经理人的身份进入，能为企业建设高效的研发体系，不会因为理念和企业方向问题挑战创始人的地位，双方建立合理的信任和规范的工作关系。

企业创始人深刻理解岗位7所应该具备的能力并愿意放权去寻找合适的人才是关键。一旦这种高效规范的工作关系建立，企业从此就会迈向制度化保障科技竞争力的长久发展阶段，很难再出现因为人事变动导致企业崩盘的情形。

组织岗位设计和考核需要考虑的其他问题

对于任何研发相关的岗位，其考核的天然挑战来自研发工作的本质：即管理不确定性。通过研发的过程和管理将研发对象的不确定性逐步释放，为企业的决策提供依据，因此所有研发岗位工作成效的内在逻辑都是管理不确定性的效率。这一内在本质的直接后果就是研发岗位成绩缺乏客观标准（所有客观标准都是用来测量具有确定性特质的事物）。研发考核过程中的主观性不可避免，要么结果是主观的，要么看似客观的评价标准是主观设定的（即缺乏逻辑自洽的客观依据）。考核实操中的难度在于定标，考核维度只是切入问题的正确视角，并不能自动成为考核办法，这就导致研发考核不能简单粗暴地采用所谓客观的KPI的方式，而必须是结合客观依据的主观评议。

对于工程师和项目负责人来说，他们的成果产出基本直接源于个人的工作能力和态度，对于绩效的好坏判断可以通过同级类比的方式。对于岗位4及以上的考核，难度在于无法做横向类比和参照，因为在企业里岗位4以上的位置都是独特的，即便有多个平行的研发组织，但是组织之间的定位、大小和发展状态都不同，仍然无法平行比较。如果简单地以年初设定的 KPI 作为依据，容易导向奖励保守、惩罚上进（保守的人想方设法把目标定低，有上进态度的人倾向于高目标牵引，自我激励）。因此，对于相对容易产生客观可测量结果的岗位，应以考核为主，考察为辅；对于岗位个性化程度高的负责人，应以考察为主，考核为辅。越是高级别的岗位，对负责考核的领导的能力和判断力要求也越高，这也印证了一个说法：组织最高领导人的能力和认知水平就是组织水平发挥的上限。

考核过程中，另外一个需要注意的维度是权。在责任明确和期望明确的前提下，需要有相应的岗位赋权才能发挥作用，任何一个岗位的设置都是责任和权力的双重设定，在无权的情况下，身居岗位的人无论多么能干，也只会是一个咨询者角色。对于无权岗位的考核和要求，自然无从谈起。在更多的组织实践中，有责无权的岗位设置是一种常用的"陷害"模式。赋权并不是简单的越大越好，权力大小与岗位职责严格对应才能发挥最大的作用。

完全符合理想的能力和素质要求的人才在现实生活中很少。虽然我们对于几个标准岗位的责任和能力要求做了解读，但是在企业实际运作中，必须在考虑业务运行底层逻辑的前提下，根据身边人员的现实能力情况和发展前景，灵活设计和组合岗位责任构成。这对于组织设计者的管理能力和管理艺术提出了更高的要求，岗位设置中能力不足而责权过大所能造成的伤害是显而易见的。每个岗位的实际责权都是灵活设计的情况下，对于岗位上的人才的考核（或考察）也必须做相应的定制化设计，操作的核心是准确理解每个岗位中包含的岗位角色和与之对应的责任与能力模型。一个岗位很可能是由多个理想岗位角色的一部分组合而成，考核规则的设计者如果不能准确识别和理解中间的对应关系，就无法生成合格有效的考核机制。

考核的基准设定与激励原则

绩效与激励是另外的知识领域，这里就不班门弄斧了。下面主要从研发的角度谈谈应该注意的事情。

激励即奖惩，奖惩的目的是通过激发人的干劲儿，引导有利于产出效益的行为，避免会产生损失的行为。容易干的事儿干好是理所应当，考核的重点是别出差错，用罚；难干的事儿不出成果属于正常，考核重点是亮点，用奖；难判断的事儿考核态度，奖勤罚懒。研发和创新属于难干的事儿，适宜用奖励，所以大家经常说要包容创新失败。

在对研发成果予以奖励的过程中，一定要注意对创新过程中的所有贡献的识别。由于研发本身是个复杂的活动，尤其是技术密集型产品的研发，中间涉及众多具有不确定性的决策点，而且有很多有时间上的先后关系，而考核与奖励往往是某一个时间节点上的单一事件，越是考核或评价时间节点附近的贡献，越容易被"视觉放大"，经常导致临门一脚的人或团队得到所有的鲜花和掌声，而做前期工作的人或团队往往被忽视。

尤其是在原创技术（从基础性的研究开始）的开发过程中，往往早期需要对一些底层的关键技术假设做出识别和验证，并找到突破的方案，一旦形成突破，后续可以在此基础上，解决衍生的技术问题和最后的产品设计与优化问题。越是原始的底层问题，越是抽象（对于行业专家并不抽象，但是普通的技术人员并不能理解），而且个数很少，属于关键少数；越是靠近临门一脚的问题，越是广大人民群众能理解的问题，个数越多，解决起来给人感觉又多又快，给大家留下功劳很大的印象。在很多情况下，甚至会出现"早知道第十个包子能吃饱，就不吃前面九个包子了"的论调，听起来很荒谬，但是在科技领域这种荒诞剧天天在上演。

既要重视解决问题的人，更要重视发现问题的人。作为一个以不确定性为工作对象的行业，如何在众多纷繁复杂的因素中找到问题点，往往比解决问题的难度更大。在企业里，往往是那些真正钻研技术的专家能一针见血地指出整个技术路线或技术方案的薄弱环节，只要问题找到了，绝大部分情况下都能找到可接受的解决办法。包括我们的光刻机、飞机发动机这样高度复杂的产品，很多情况下是因为系统过于复杂，我们往往不清楚问题的底层卡点在哪里，而且这样的卡点不是一个两个，而可能是成百上千个。

当储备的人才队伍在领域内的经验和知识积累不够深不够宽时，无法全面识别所有的难点，导致大家有劲儿使不上，投再多的钱也投不对地方。但是在实际生活中，缺乏研发经验的管理者往往喜欢听夸夸其谈的方案提出者，对于真正识别技术问题的专家（泛泛地唱反调另当别论）却缺乏尊重。

既要重视树木，也要重视园丁。一座美丽的花园欣欣向荣、井井有条，没有人会认为是花草树木自己长成了花园；但是在现实生活中，总是有管理者误认为科学家会自发组成高效的研发团队并产出累累硕果。研发管理者在成果产出过程中的关键作用和贡献经常被忽视，对于简单技术和产品的开发，研发管理者的作用要大于具体的技术研发人员；复杂技术的开发过程中，研发管理者与关键技术人才同等重要，缺一不可。对于这一点认知的不足，导致没有合格的研发管理人才与组织配合，是很多研发组织在引进高端技术人才后水土不服，无法产出高效研发成果的主要原因。

要奖励第一个吃螃蟹的人。科技成果的需求从业务中来，最终要回到业务中发挥作用，第一个愿意尝试新技术的业务部门和业务领导，客观上起到了验证新技术应用风险，为企业或全行业做出贡献的客观效果。对于高度竞争性或风险偏好型的行业，这种个人风险大部分被后续的业务增长带来的收益弥补（一种内在的业务奖励机制），而对于竞争不激烈或者风险厌恶型的行业，建立新技术应用的保护和奖励机制就尤为重要，否则会由于怕担责，导致再好的技术和创新产品也无人敢用。

要避免过度奖励年轻人。刚入职场不久的年轻人还没有形成稳定的职业观和对自身的客观认知，也没有建立自己的职场信誉，大部分情况下，他们的知识面也比较窄。他们在这时候即便解决了项目中的关键问题，机缘巧合的成分也不可避免（前期团队的知识积累、对问题的充分理解、基础条件搭建充分、应用环境调研全面等），即使其客观上成了那个临门一脚的选手，并不等于其一定是基于自己的能力做出了了不得的贡献。缺乏经验的管理者往往打着培养年轻人才的旗号，倾向于给予他们很高的荣誉和奖励。

这往往会产生以下几方面的副作用：第一，由于年轻人的职场观未成型，如果让年轻人在不自知的情况下产生成功很容易的潜意识，将来培养其迎难而上、坚韧不拔品质的难度会陡然加大；第二，在年轻人对自身的认识还不成熟的时候，过高的奖励会拔高他们的职业发展预期，当后续出现奖励不及时或遇到少许挫折的时候，他们容易放弃，成为企业和团队的不稳定因素；第三，他们很可能在不经意间形成高人一等的潜意识，这容易导致其与他人合作出现困难，很难培养其自省的品质；第四，恶化年轻人的职场人际关系，过早过高的奖励会导致其周围同事不服气甚至产生怨气，使其成为大家冷落甚至陷害的对象。因此，对年轻人取得成绩时最好的奖励是赋责，在适当认可成绩的基础上，给予其更大的任务和锻炼机会，让他们进一步学习和成长。

其他注意事项

研发最终的目的仍然是盈利，考核研发项目的好坏，就是看是否有利于盈利。在立项端，要评估立项的质量（即考核立项决策者），即考核项目是否最有利于企业有效地抓住盈利的机会（综合考虑不确定性之后，或者说核心就是对不确定性的考虑）。在执行端，要评估项目的执行质量（即考核项目的执行团队，主要是项目负责人）。

考核是个层层下展的过程，即企业主考核企业，企业考核部门，部门考核团队，团队考核成员；即企业主考核企业经营者，企业经营者考核部门负责人，部门负责人考核团队负责人，团队负责人考核成员。考核者的质量和素质，决定了被考核者的质量和素质。

在下级的能力高过上级的情况下，除非上级有大智慧（素质高的表现之一），否则一定会产生矛盾和不满，最后劣币驱逐良币，越往下越烂。因此，企业主在不提升自身素质和能力的情况下，是不可能仅仅通过雇用高水平的人才就搞好企业的。企业主的能力和智慧水平就是企业发展的上限。所谓的360度评价、同级评议等，看似打破了上级考核下级的逻辑，其本质仍然是上级评价下级，只不过上级为了提高考核评价的质量，采取不同的考核信息收集方式而已，考核的底层责任仍然是上级。

在企业内部，不同职能组织之间有些有上下游关系，通过厘清组织之间的甲乙方关系，由甲方考核乙方，确定乙方的业绩。目前市场上流行的阿米巴管理模式，本质上也是一种市场化的考核和奖惩机制，各单位作为独立核算的单元，以相互结算的业绩说话，确定各单位的绩效。但是这些仍然都是考核的方式，并没有推翻考核的主体，即组织或团队的上级决定考核结果，这些考核方式和考核结果的产生方式是上级的一种权力行使方式，上级的考核主体责任仍然成立。

因此，上级对于业务方向的把握、对于业务底层逻辑的理解仍然是考核体系高效运行的前置条件。在上级对于业务底层逻辑和业务方向的理解不足时，无论多么优秀的考核方式都有可能产生偏差，甚至完全失效。

关于外行管理内行。由上面的讨论可以看出，当外行管理内行的情况出现时，这个组织的考核和评价系统必定会出现偏差，甚至走向崩溃，取决于管理者外行得多么离谱。这里需要澄清一些概念，所谓外行内行的区分，是在于管理者对于所管业务的底层逻辑的理解程度，而不是表面上的专业对口。在研发领域，所有研发活动本质上是管理技术开发过程的不确定性，因此，所谓内行就是对于技术不同开发阶段的不确定性的理解深刻程度，而不是吃瓜群众眼里的不同专业之间的差别。

一个材料专业的人管理材料开发的项目，也可能是外行管理内行；而一个电子专业的人对于材料项目的管理，反而可能才是真正意义上的内行管理。因为材料专业领域的工程化项目管理与材料专业里的前沿探索性研发项目属于完全不同的业务，差异非常大，让一个工程化经验很足的人管理和考核材料领域的前沿探索性研发项目，很可能完全乱套。电子领域的前沿探索性研发项目与材料领域的前沿探索性研发项目，尽管专业领域不同，但在管理逻辑上有高度的相似性。

关于岗位变化。组织或企业稳定运行期间，岗位职责随时间相对稳定不变，考核的标准也相对稳定，可以拉长考核周期。对于成长期或转型期的组织或企业，业务在不断变化，岗位职责变动或分化较快，考核标准也会相应地不断变动，应相应地缩短考核周期，或综合考虑考核周期内的岗位职责变动情况。

慎重考核文章和专利。文章和专利都是研发过程中的产物，不是最终的结果或成果本身。对于学术界，他们并不真的产出产品满足用户要求，不用直接面对市场，就只能用过程中的间接指标衡量工作的成绩，即使如此，唯数量论的恶果也是显而易见的。对于产业界来说，文章与专利就真的仅仅是知识的承载形式和成果的保护手段，一个人拥有的专利多并不能说明其技术水平高，专利少也不能说明其技术水平不高，两者没有必然联系。作为一种知识资产，专利的作用毋庸置疑，但还是应该以企业的业务需求为主要考量，考虑投入的质量和数量。这些可以是研发队伍的参考考核项，但是不能作为主要考核项，更不能作为唯一考核项。

小　结

　　企业研发的不确定性管理的业务底层逻辑是设置相关岗位的基础，考核的核心是岗位职责，岗位职责定义的合理性与完备性是正确考核的前提。只有高质量的考核体系，才能支撑高效的激励机制，从而产生正确的工作导向，提升研发体系的效率，产出更多更好的成果，支撑企业的业务发展需要。本书通过分析研发活动的构成，分解出七类主要研发岗位，并对每一类岗位的职责定义、能力要求做了系统性分析，为企业管理者正确和灵活地设计研发体系的构成、设计岗位考核要求和激励机制提供参考。